LES **POURQUOI** EN IMAGES

Philippe Vandel

Né en 1962, Philippe Vandel est écrivain et journaliste. Il est l'auteur de huit ouvrages, *Les Pourquoi en images* (Kero/France Info, 2012 et 2013). Ces livres sont inspirés de sa chronique des « Pourquoi ? », diffusée sur France Info et pour la première fois en 1993 sur Radio Nova. Il y aborde des questions telles que « Pourquoi les cygnes ne s'envolent-ils jamais des bassins ? » ou « Pourquoi les Anglais roulent-ils toujours à gauche ? ».
Philippe Vandel présente par ailleurs « Tout et son contraire » sur France Info.

Les **Pourquoi** en images

Le best of

Philippe Vandel

Illustrations de
Cathy Karsenty
et de Madd

KERO

Cet ouvrage est composé de *Pourquoi* issus des deux volumes suivants, parus chez Kero : *Les Pourquoi en images* et *Les Pourquoi en images 2014*.

ISBN : 978-2-266-25160-0

Préface

C'est la sagesse même : un bon ✎ vaut mieux qu'un long ⌨. Le 🕮 que vous tenez entre les ✋ est d'un genre particulier. Ce sont des **Pourquoi** *en images*. Pas illustrés. En images. Nuance. C'est que l'explication est visuelle. Pourquoi il n'y a pas de nourriture pour chat au goût de 🖱 ? La réponse est magnifique, mais purement cérébrale : je ne l'ai donc pas ☒ parmi les 🗐. En revanche, vous saurez dans quelques 🕑 pourquoi les touches d'un ☎ sont placées ≠ de celles d'une 🖩. Pourquoi ? Ou pourquoi on trempe ses ☽ dans son café au lait (cela fait l'effet d'une 💣)...

Cet ouvrage vous apprendra **150** choses, car il n'y a rien de pire que d'être pris pour une 🔔, pour un β, voire pour un 🌰.

Mais ⚠... C'est un livre d'un genre particulier, car la réponse aux interrogations se fait en partie à l'aide d'une image, c'est pourquoi je vous recommande de résister à la tentation de tourner la page pour avoir l'explication; l'impatience est l'ennemie du suspense (désolé de cette phrase trop ⌛, mais va trouver des 〰 pour illustrer impatience et suspense!)

Grâce soit rendue ici à Cathy Karsenty et à Madd, qui ont d'abord ✏ puis ✍ avec grand talent et beaucoup de patience (le 🗀 de leur chaise en sait quelque chose). Vous verrez § après § que 💻 et ✒ se ♋ à merveille, 👍 et même parfois 👌. Et sans bla-bla! La ☠ dans l'âme, je me suis souvent résolu à ✂, sans hésiter à sortir la 🗑. Nous ✈ envie de chasser les longueurs. Justement : assez bavardé ❺❹❸❷❶!

Les **Pourquoi en images**™, c'est ☛...

Philippe Vandel

1

Pourquoi les manchots sont-ils noir et blanc ?

Vous les avez admirés dans *La Marche de l'Empereur*, qui a raflé à Hollywood l'Oscar du meilleur film documentaire en 2006. Les manchots, qui vivent dans l'hémisphère Sud, en Antarctique – à ne pas confondre avec les pingouins qui vivent partout ailleurs (surtout là où il fait froid, quand même, jusqu'en Bretagne) –, ont la particularité d'être des oiseaux qui ne peuvent pas voler. Leurs ailes sont en effet très petites (d'où leur nom de « manchots »), mais très efficaces pour nager.

Ne pas pouvoir s'enfuir dans les airs n'est évidemment pas un avantage quand on doit échapper à des prédateurs, dont voici les deux plus meurtriers : les phoques, qui chassent sur la banquise, et les orques, qui chassent dans l'eau.

Tout ceci pour en venir à la double utilisation de leur double face. Ils choisissent quelle couleur mettre en avant selon les situations.

Dans l'eau, le ventre blanc se confond avec le ciel pour les orques – qui les traquent par en dessous –, et le dos noir avec les flots pour les phoques qui se tiennent à leur niveau.

Mais la vie du manchot ne se résume pas à servir de proie (sinon l'espèce aurait été décimée). Il y a aussi la vie comme elle vient, le farniente, le « simple plaisir d'exister » pour paraphraser Spinoza.

Je ne vous apprends rien : le noir absorbe la lumière, donc la chaleur. Et sur la banquise, nos oiseaux peuvent se positionner dos au soleil s'ils ont froid. Inversement, s'ils ont trop chaud, ce qui arrive étant donné leurs très épaisses couches de graisse protectrice, ils peuvent se tourner et exposer au soleil leur ventre blanc (comme les maisons grecques ou andalouses, qui renvoient la lumière).

Résumons : la robe noire et blanche des manchots est à la fois une protection contre les prédateurs, et un système de chauffage/climatisation naturel. Bien sûr, s'il fait froid et qu'un phoque déboule, ils doivent faire face à un dilemme !

C'est le mauvais côté de la chose.

Jusqu'à preuve du contraire…

2

Pourquoi les plaques d'égout sont-elles rondes ?

On ne peut pas les rater, le nez collé au bitume pour éviter de marcher dans les déjections canines. Ça porte bonheur? Alors au bout de la dixième, c'est trop de bonheur… Par ailleurs, le grand malheur serait qu'un égoutier oublie de refermer une bouche, pas forcément la sienne, et que vous tombiez dedans. Bref, en tout état de cause, vous savez que les plaques d'égout sont invariablement rondes. Pour quelle raison ?

Pour tenir moins de place, au stockage et au transport ? Non. Dans ce cas, on aurait conçu des plaques carrées ou rectangulaires, qui sont les formes qui occupent le mieux l'espace.

Arrondies pour épouser les formes humaines ? Certes. L'égoutier vu de dessus s'apparente davantage à un cercle qu'à un polygone régulier, mais tant qu'à faire, la forme la plus ergonomique – j'allais dire humaine – est l'ovale, ou l'ellipse (à moins que l'égoutier, obèse, ait été viré de chez Weight Watchers pour atteinte au moral des troupes).

Il y a donc une autre raison qui a poussé l'homme et l'ingénieur à fabriquer des plaques d'égout circulaires.

On pourrait remarquer que leur forme les rend plus aisées à faire rouler ; beaucoup plus facilement que si elles étaient hexagonales. Certes, mais ce déplacement excède rarement quelques mètres. D'autre part, il est rare que les ingénieurs se soucient à ce point du sous-prolétariat (si un ingénieur sommeille en chaque homme, l'inverse reste à prouver).

L'explication est beaucoup plus futée : grâce à leur forme, les plaques rondes ne peuvent en aucun cas tomber dans le trou. Je m'explique.

Supposons que les plaques d'égout soient carrées. Le côté d'un carré est forcément plus court que sa diagonale. Par conséquent, si la plaque se présente verticalement dans la diagonale du trou, elle y choira. Vlan ! Cent kilos de fonte sur le crâne. Malheur au malheureux qui travaille en dessous, malheureusement.

En revanche, quelle que soit la manière dont on la dispose au-dessus du trou, une plaque ronde n'y tombera jamais. Effectivement, de par sa forme, elle ne pourra se présenter au-dessus du trou que d'une seule manière. Son diamètre lui tient lieu de diagonale. Dans tous les cas, le diamètre de la plaque est supérieur à celui du trou de quelques centimètres, à cause du rebord. Aucun risque de chute inopinée.

Attention : cette explication ne vaut que pour les plaques d'égout. Obélix aussi était rond. Cela ne l'a pas empêché de tomber dedans quand il était petit.

Jusqu'à preuve du contraire…

3

Pourquoi le volant des voitures est-il à gauche ?

Vous le savez évidemment : le volant est à gauche dans les pays où l'on roule à droite, comme la France. Et à droite dans les pays où l'on roule à gauche. Dans les deux cas, le conducteur se trouve du côté opposé au bord de la route.

Cette configuration a l'air de couler de source, mais les premières automobiles n'étaient pas conçues ainsi. Leur volant – dans des temps reculés, leur guidon – se trouvait au centre de la banquette. Et les passagers se partageaient la banquette arrière, quand il y en avait une.

Mais quand les voitures sont devenues biplaces, il a bien fallu choisir un côté. On imagine que le conducteur est à gauche pour mieux voir la voiture qui vient en face. L'argument n'est pas plus pertinent que si on l'avait placé à droite pour mieux estimer sa distance avec le bord de la route (et éventuellement une barrière ou un précipice).

En fait, l'explication ne relève pas du code de la route, mais de la galanterie.

C'est Henry Ford qui, le premier, a placé son volant à gauche. Il vient de dessiner un modèle révolutionnaire : la Ford T. Nous sommes au début du XXe siècle. Les États-Unis roulent à droite comme l'Europe continentale. Dans sa voiture, il y a quatre places. Et les femmes – qui sont presque toujours passagères avant, puisque l'arrière est dévolu aux enfants – peuvent descendre directement sur le trottoir, sans risquer de crotter le bas de leur jupe dans la fange des rues. Lorsque Ford lance sa production en série en 1908, les États-Unis sont à la traîne question production : ils fabriquent 4000 véhicules par an, contre 4800 en France. Mais le taylorisme – le travail à la chaîne – va changer la face de l'automobile, et de l'industrie moderne. La Ford T devient LA référence, et les autres constructeurs adoptent le parti pris de Ford : le volant se trouvera désormais du côté centre de la chaussée. La rationalisation de l'automobile est en marche. Quant à l'émancipation des femmes, beaucoup reste à faire. En Arabie Saoudite, on roule à droite, mais les femmes n'ont toujours pas le droit de conduire.

Jusqu'à preuve du contraire…

4

Pourquoi mesure-t-on la vitesse des bateaux en nœuds ?

Vous l'avez remarqué pendant votre stage de voile au Croisic, ou quand Olivier de Kersauson passe aux *Grosses Têtes*. Les nœuds mesurent la vitesse des bateaux. Cela impressionne le profane, et ça permet surtout à Kersauson d'enquiller de désopilants jeux de mots.

Sans contrepèterie, c'est quoi un nœud ? Un nœud est la vitesse uniforme qui correspond à 0,514 m par seconde, soit – vous vous en doutiez – 1,852 km par heure, ou encore un mille par heure. Notez que son emploi est uniquement réservé à la navigation (maritime ou aérienne).

Mais pourquoi les nœuds ? Pourquoi pas les cordes, tant qu'à faire simple ?

À la naissance de la marine, et longtemps après, les marins n'étaient pas capables de calculer une distance sur l'eau. Sous Vercingétorix, ils ignoraient combien il y avait de kilomètres entre Nice et Ajaccio. Et ils ne le savaient pas mieux sous Robert II le Pieux (996-1031). D'ailleurs, à l'époque, personne ne pouvait vous dire combien mesurait un kilomètre. Bref, les marins étaient incapables d'établir la vitesse de leurs bateaux, étant donné que la vitesse se calcule en divisant la distance parcourue par le temps écoulé.

Cependant, à défaut d'être équipés en chronographes, nos ancêtres matelots étaient astucieux. Au début du XVIIIe siècle, ils eurent l'idée d'attacher à la poupe (à l'arrière) de leur bateau une corde pourvue de nœuds à intervalles réguliers, tous les cinquante pieds ; une corde à nœuds, en fait.

Quand le bateau était à l'arrêt, la corde tombait verticalement. Un observateur placé au-dessus d'elle ne pouvait voir aucun nœud affleurer à la surface de l'eau. Il en déduisait que la vitesse du bateau était nulle.

Plus le rafiot accélérait, plus la corde s'élevait à l'horizontale, sous l'effet de la vitesse. Donc, plus le bateau avançait, plus on pouvait compter de nœuds. Un marin était d'ailleurs chargé de cette tâche fastidieuse.

Le temps a passé. Le génie humain a inventé depuis le système métrique, l'horloge à moteur et le tachymètre. Mais l'empirique unité est restée. N'en déplaise aux têtes de nœud.

Jusqu'à preuve du contraire…

5

Pourquoi le doigt d'honneur ?

Oui, je sais, il n'y a pas de verbe à la question. Et pourtant, tout le monde a compris. Vous savez, hélas, ce qu'on appelle un doigt d'honneur : c'est comme un bras d'honneur, en plus pénétrant. Si vous n'en avez jamais vu, allez dans une cour de collège ou regardez un match de l'équipe de France de football.

Pourquoi un simple doigt levé vers le ciel est-il perçu comme un geste aussi menaçant et agressif ?

Comme beaucoup de bonnes (et moins bonnes) choses, voilà une coutume reliée à l'Angleterre, celle qu'on appelait la « perfide Albion ». Il nous faut remonter aux temps reculés de la guerre de Cent Ans, qui n'a pas duré cent ans, et qui se déroula comme chacun sait entre 1337 et 1453. Les Anglais avaient une botte secrète, une arme que leurs adversaires avaient le plus grand mal à contrer : l'arc long. D'une hauteur de deux mètres, cet arc donnait un avantage certain aux Anglais, qui pouvaient tenir en respect de loin leurs adversaires. Il se révéla décisif lors de grandes batailles comme Crécy, Poitiers ou Azincourt. Non seulement les Anglais pouvaient tirer de loin, mais également en cadence : cinq flèches à la minute, ce qui leur permettait de saturer le ciel de leurs traits.

Les Français, eux, utilisaient des arbalètes dont la fréquence de tir était bien moindre : une flèche par minute. Le temps de recharger, ils étaient embrochés… Donc, dès qu'ils capturaient un archer anglais, ils lui coupaient l'index pour le rendre inopérant. De là sont nées les deux manières de se faire des politesses…

Les Anglais montraient leurs doigts encore valides, tandis que les Français, en en exhibant un seul, leur promettaient l'amputation.

Avec l'amélioration de la technique des arbalètes – et notamment la possibilité de recharger l'arme beaucoup plus vite –, cette pratique a disparu. Mais pas le geste. Y compris sur les terrains de foot… britanniques.

Jusqu'à preuve du contraire…

6

Pourquoi les requins s'attaquent-ils aux surfeurs ?

C'est le grand plaisir des journalistes en mal d'inspiration : les attaques de surfeurs par des requins. Ça c'est bon, coco ! À chaque morsure, une citation au JT. À chaque décès, une équipe de reportage dépêchée sur place. Loin de moi l'idée de minimiser la douleur des familles, mais apprenez que les requins tuent quatre ou cinq malheureux par an, sur toutes les mers du globe. À titre de comparaison, les accidents de la route suppriment 1,3 million de personnes dans le monde chaque année, et en blessent 40 fois plus ! Et, question insolite, vous avez 325 fois plus de chances de décéder après avoir embouti un cerf en voiture. Combien avez-vous vu de reportages sur le sujet ?

Revenons aux squales. Une conjonction de facteurs explique les attaques de requins contre les surfeurs, ou plutôt un enchaînement de faits.

Tout d'abord, certaines circonstances attirent les requins près des côtes. Naturelles, d'une part, lorsque les pluies d'orage entraînent des déchets organiques vers la mer, par le déferlement des torrents (valable, par exemple, à La Réunion, où les côtes sont escarpées) : les requins trouvent alors des petites charognes à se mettre sous la dent sans trop d'efforts. Une autre cause est directement liée à l'activité humaine : le rejet des poubelles dans la mer. Les requins trouvent là de quoi se nourrir. Ajoutez à cela la raréfaction de la nourriture dans leurs zones de chasse, conséquence de la pêche intensive. Privés de leurs ressources premières, les requins doivent trouver de nouveaux « spots » de chasse.

Voilà donc le requin près des côtes, l'appétit aiguisé. Que voit-il ? Sa proie favorite ! Non pas l'homme. Mais…

La tortue !

Avouez que, vu d'en dessous, ça se ressemble beaucoup.

Il faut ajouter que les requins, malgré une vue très sophistiquée (ils sont notamment capables d'activer une sorte de « vision nocturne » grâce à un dispositif derrière leur rétine qui leur permet, en cas de lumière faible, d'amplifier ce qu'ils perçoivent), sont myopes, car leur cristallin se déforme peu.

Voilà qui ne les aide pas à distinguer leur dîner d'un surfeur.

Jusqu'à preuve du contraire…

7

Pourquoi les filles hurlaient comme des folles aux concerts des Beatles ?

On a tous en tête les images en noir et blanc des fans des Beatles, ces midinettes en jupette qui hurlaient à la mort, les yeux emplis de larmes et d'un amour impossible, pendant que Paul, John, George et Ringo déboulaient sur scène avec leurs guitares et leurs coupes au bol.

Réécoutez par exemple le célèbre concert de l'Hollywood Bowl (1964) ou celui du Shea Stadium en 1965. Vous avez remarqué ? Les chansons sont accompagnées, voire couvertes, par les cris des jeunes filles de la foule. Qu'est-ce qu'elles avaient, ces greluches, à vociférer comme ça ? Pourquoi ne retrouve-t-on pas des hurlements aussi stridents dans les concerts d'aujourd'hui, des Rolling Stones à AC/DC, en passant par One Direction et le Patriiiiiiick Bruel de la grande époque ?

Les Beatles ont-ils été le groupe le plus adulé de l'histoire de la pop ? Les publics d'aujourd'hui seraient-ils plus polis que ceux des sixties ?

Pas du tout.

La grande différence entre la Beatlemania et la Bruelmania, c'est-à-dire entre les années 1960 et les années 1980, c'est qu'en août 1965, date d'enregistrement du fameux *Twist & Shout*, la sonorisation moderne n'existait pas. Les Beatles jouaient encore avec leurs amplificateurs. On parle de milliers de watts.

Depuis, l'électronique a fait des progrès considérables. Les amplis à transistor ont surpassé les amplis à lampes. Se sont rajoutés non pas un mais deux zéros. Les sonos tiennent désormais dans plusieurs semi-remorques. La puissance des équipements pour certaines tournées mondiales de groupes avoisine le demi-million de watts !

Bilan audio : il y a toujours des filles qui crient dans les concerts, mais à cause du volume sonore, on ne les entend presque plus. Vous connaissez le dicton : il n'y a pas d'amour, il n'y a que des preuves d'amour.

Jusqu'à preuve du contraire…

8

Pourquoi dit-on d'un mari cocu qu'il a « les cornes » ?

Même le plus fidèle d'entre nous connaît cette sinistre expression. Quand une femme mariée trompe son conjoint, on dit que le malheureux porte « les cornes ». Suivant son degré de cocufiage, on précisera même leur taille : les unes ne dépassent pas quelques centimètres, certaines s'élèvent jusqu'au lustre de la chambre à coucher, qui n'en a plus guère, alors que d'autres frottent au plafond au point de l'empêcher de remuer la tête.

Vous en conviendrez : le mâle véritable ne connaît rien de plus déshonorant que d'avoir les cornes. Et pourtant, chez les animaux sauvages, du chamois au rhinocéros, en passant par le hanneton, de grosses cornes symbolisent au contraire l'orgueil, la force, en un mot la virilité.

Alors, pourquoi une telle expression ? Parce que la langue française est merveilleuse de précision.

Imaginez qu'un homme porte physiquement, sur le front, une bonne grosse paire de cornes. Ma foi, il sera le seul à ne pas pouvoir les admirer ! Tout le monde les verra, sauf lui.

« Avoir les cornes » signifie non seulement « être cocu », mais surtout « ne pas le savoir », alors que tout le village est au courant. Et en profite le cas échéant…

Mes amitiés à Madame. Et gardez confiance.

Jusqu'à preuve du contraire…

9

Pourquoi les marins portent-ils des marinières ?

Vous savez ce qu'on appelle une marinière : ce polo blanc rayé de bleu, qui sied aux matelots… et au ministre Arnaud Montebourg, qui avait posé avec, en couverture d'un magazine, pour vanter les productions *made in France.*

En dépit de leur allure moderne façon sweat-shirt, les marinières sont apparues dès le XVIIe siècle, comme en attestent des tableaux anglais et hollandais représentant des batailles navales. La marinière a également intégré le vestiaire français. Jusqu'au Second Empire, seuls les uniformes des officiers sont définis et réglementés. Les matelots, eux, embarquent avec leurs propres vêtements. Le décret du 27 mars 1858 introduit la marinière dans l'uniforme officiel des quartiers-maîtres et des matelots de la marine nationale. Il fixe précisément ses caractéristiques : les rayures bleu indigo sont au nombre de vingt sur le torse et le dos, et de quatorze sur les manches. Elles doivent être larges de 10 millimètres et espacées de 20. Et non l'inverse, cela a son importance. Patience.

Puis, la marinière a quitté le domaine strict de la marine pour entrer dans celui de la mode. C'est Coco Chanel en personne qui l'a utilisée la première, suivie par bien d'autres au fil des décennies – Karl Lagerfeld et Jean Paul Gaultier par exemple. Jusqu'à l'équipe de France de football, qui choisit cette nouvelle parure en 2011, en délaissant le sponsor Adidas au profit de Nike.

Ce qui ne nous dit toujours pas pourquoi les marins l'ont adoptée… Eh bien, voilà, ça commence par un grand plouf !

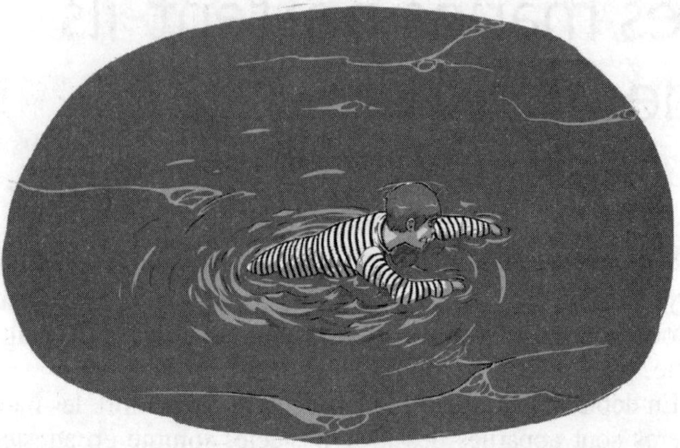

La première difficulté quand un homme tombe à la mer, avant même de parvenir à le remonter à bord, consiste à l'apercevoir dans les flots agités. Or, la marinière rend son repérage plus facile, à cause des rayures. Surtout si elle est claire. C'est pourquoi la marinière est blanche à rayures bleues, et non bleue à rayures blanches.

Le fluo n'existait pas sous Napoléon III. Et les requins se fichent de la mode.

Jusqu'à preuve du contraire…

10

Pourquoi les chats retombent-ils toujours sur leurs pattes ?

Bien que les chats soient très agiles, il leur arrive parfois de tomber d'un arbre, de la table ou d'une chaise. Et pas seulement dans les dessins animés, où ils se font très mal, mais sans souffrir.

Lorsqu'un tel incident se produit, un réflexe dit « d'équilibration » entre aussitôt en jeu. Grâce à lui, les chats retombent toujours sur leurs pattes. Sans lui, ils se briseraient les reins.

Pour comprendre comment le chat se gamelle avec autant de talent, des zoologues consciencieux l'ont filmé au super-ralenti, avec une caméra spéciale. Qu'ont-ils découvert ?

Qu'au moment même où il amorce sa chute, le corps de votre matou se disloque par une réaction automatique de torsion. Sa tête pivote jusqu'à ce qu'elle se retrouve à l'horizontale, puis les pattes antérieures se rassemblent pour protéger le museau en cas de choc. Enfin, la colonne vertébrale se tord pour placer l'arrière-train dans l'alignement par rapport à la tête. Pour finir, lorsqu'il est sur le point de toucher le sol, il étire ses quatre pattes pour qu'elles amortissent le choc en fléchissant. Le tout en une fraction de seconde…

Dernière question. Pourquoi ce phénomène est-il possible chez le chat, et non pas chez le chien, ni même la vache nantaise ?

À cause de la queue. Dès le début de sa chute, la queue du chat se raidit, et tourne comme une hélice, en sens inverse, pour faire contrepoids. L'animal retrouve ainsi son orientation initiale.

Retomber sur ses pattes grâce à sa queue : voilà une philosophie à méditer.

Jusqu'à preuve du contraire…

11

Pourquoi le motocross est-il si peu médiatisé, alors que c'est un sport si spectaculaire ?

Si vous avez eu la chance d'assister à une compétition de motocross, vous le savez : c'est un sport extrêmement spectaculaire, avec beaucoup d'action, des bosses, que dis-je des bosses, des sauts, des rebondissements – à tous les sens du terme – et des chutes le plus souvent sans gravité. C'est comme dans les dessins animés : le pilote tombe, il n'a rien et remonte sur son bolide à la poursuite des autres (ne croyez pas que j'exagère, c'est le cas !). Alors que c'est quasiment impossible en moto de vitesse, où les chutes font très mal et abîment les machines. En motocross, contrairement à la Formule 1, il n'est pas rare que trois ou quatre pilotes puissent encore gagner la course à un tour de la fin. Le suspense est total ! Alors pourquoi ne voit-on pas davantage de motocross à la télé ?

Pour une raison élémentaire. Comme pour tous les sports, la discipline a besoin d'argent, pour développer les machines et aussi le décorum, car c'est l'argent qui fait les stars. Les rugbymen ou les handballeurs sont des vedettes médiatiques depuis que leur sport est devenu professionnel. Il y a là un cercle vertueux : le public attire les sponsors, lesquels ramènent de l'argent, ce qui ajoute encore davantage au spectacle et attire le public. Or, en motocross, voilà ce que ça donne…

Les machines sont magnifiques et les pilotes casqués ressemblent à des gladiateurs modernes mais, au bout de quelques tours de course, les sponsors et financiers s'arrachent les cheveux : les motos et les pilotes sont couverts de boue. On ne peut plus lire les marques !

Certes, la discipline a fait des progrès depuis quelques années. La préparation des pistes permet aujourd'hui d'avoir des pilotes à peu près propres après quarante minutes de course, sauf cas extrêmes bien entendu. Néanmoins, il arrive souvent qu'en fin de course on ne distingue plus la moto jaune de la verte, la rouge de la bleue : toutes sont marron ! On ne lit même plus les numéros. Et le sponsor est dissimulé en dessous !

À moins de choisir pour sponsor une confiture de châtaignes. Ou du terreau. Jusqu'à preuve du contraire…

12

Pourquoi les marins ont-ils un grand col bleu ?

Et pourquoi un pompon rouge ?

Vous avez déjà admiré les gars de la Marine dans leur bel uniforme : ils sont en blanc, de la tête aux pieds, avec, au sommet, un immense col bleu qui entoure leurs épaules musclées. Raffinement ultime, quelques liserés blancs tracent le dessin de ce col. Mais au fait : pourquoi est-il bleu ? Et pourquoi si large ?

Le col bleu remonte au temps où les hommes portaient les cheveux longs. Pas en 1968, mais à l'âge d'or des pirates et des corsaires, il y a plusieurs siècles. À l'époque (déjà !), les marins n'échappaient pas à la mode. Ils portaient donc les cheveux longs. Et sales !

Or la lessive, sur les bateaux, cela n'était pas leur point fort. Alors, pour ne pas avoir à laver trop souvent l'uniforme blanc, qui se retrouvait très vite gris dans le haut du dos, on a rajouté un grand col, indépendant du costume. Quand il était sale, on le retirait pour le remplacer par un tout propre, grâce à un système rudimentaire de pressions.

Vous allez me dire : le col bleu, c'est bien joli ; mais pourquoi les marins arborent-ils fièrement un pompon rouge au sommet du béret, telle une cerise sur une tarte meringuée ?

L'explication réside (une fois de plus) dans le côté pratique de la chose.

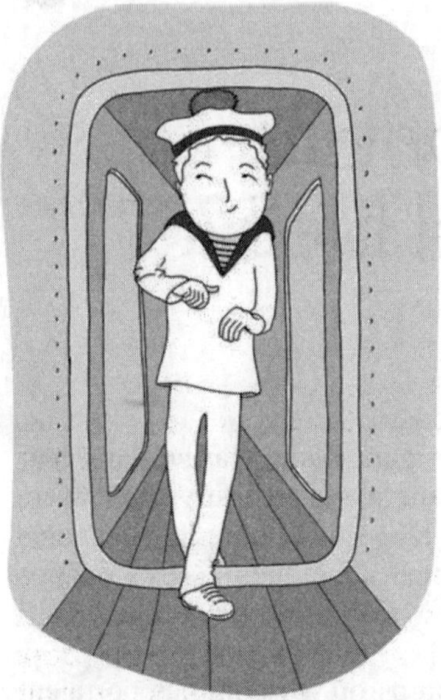

Le pompon au sommet du crâne empêchait tout simplement les marins de se faire mal quand ils se cognaient la tête à l'entrepont ou aux portes de cabines particulièrement basses.

Dans les premiers temps, les marins tricotaient eux-mêmes non seulement leur pompon, mais aussi leur bonnet de travail. D'abord de toutes les couleurs. Et c'est un décret officiel du 27 mars 1858 de la Marine française qui a ordonné que tous les pompons soient désormais rouges. Garance exactement. La discipline avant tout.

Jusqu'à preuve du contraire…

13

Pourquoi les médecins ont-ils une écriture illisible ?

C'est le grand classique des ordonnances : si vous avez déjà été malade, vous avez écarquillé les yeux : « Hein ? Quoi ? Mais qu'est-ce qu'il a donc griffouillé ? » Même en relisant à la loupe, impossible de comprendre quel médicament prendre. Si le pharmacien n'avait pas noté ce qu'il fallait sur les boîtes, on était mort ! Mais pour qui se prennent ces « docteurs » qui ne sont pas capables d'écrire lisiblement ? C'est même devenu une expression : « avoir une écriture de médecin ».

Contrairement aux énarques et aux polytechniciens, pourquoi sont-ils les seuls à avoir fait de si longues études et à ne pas savoir tenir un stylo ? Est-ce parce qu'ils ne souhaitent pas que leurs patients comprennent ce qu'ils écrivent ? Ou parce qu'on leur apprend à la faculté une nouvelle écriture, inconnue du profane ?

En réalité, les médecins laissent courir la plume car ils s'adressent d'abord à un autre professionnel. Ils savent que leurs pattes de mouche vont être comprises du premier coup d'œil, car les traitements et les médicaments sont parfaitement connus des pharmaciens. Ils ont d'autant moins besoin de noter le mot et les phrases en entier, qu'ils piochent dans un glossaire limité. Très pratiqué, le hiéroglyphe « 1 CP/J » signifie un comprimé par jour, et en aucun cas un cours primaire par jouet.

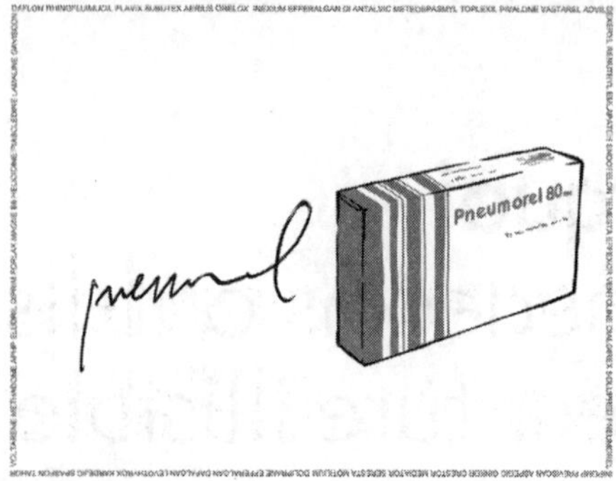

Idem pour les médicaments. Là aussi c'est balisé. Par exemple, si le pharmacien parvient à déchiffrer un R un I un V suivis d'un O, peu de chances que le médecin vous envoie rue de Rivoli : il vous a mis du Rivotril (un traitement contre l'épilepsie).

Voyez la liste des cinquante médicaments les plus prescrits : Doliprane, Efferalgan, Dafalgan, Levothyrox, Kardejic, Spasfon, Tahor, Voltarene, Methadone AP-HP, Eludril, Ixprim, Forlax, Magné B6, Helicidine, Piascledine, Lamaline, Gaviscon, Daflon, Rhinofluimucil, Plavix, Subutex, Aerius, Orelox, Inexium, Di-Antalvic, Meteospasmyl, Toplexil, Pivalone, Vastarel, Advil, Dexeryl, Renutryl, Emlapatch, Endotelon, Temesta, Effexor, Ventoline, Dialgirex, Solupred, Pneumorel, Inipomp, Previscan, Aspegic, Ginkor, Crestor, Seresta, Motilium. Avouez qu'ils sont difficiles à confondre les uns avec les autres. D'autant que le pharmacien, un professionnel qui a suivi au minimum six ans d'études, connaît le contexte de la maladie. Pas de risque qu'il vous délivre un bêtabloquant pour un cor au pied.

Avec les progrès de l'informatique, de plus en plus de médecins disposent d'un programme d'ordinateur où ils n'ont plus qu'à cocher dans une liste le médicament qu'ils veulent. On gagne en clarté ce qu'on perd en pittoresque. Je parie que, dans pas longtemps, certains regretteront l'écriture en pattes de mouche. De grands malades.

Jusqu'à preuve du contraire…

14

Pourquoi représente-t-on les saints avec une auréole au-dessus de la tête ?

Vous avez déjà vu des images de saints au cours de vos lectures pieuses. Comme saint Christophe, patron des automobilistes ; saint Cloud, fils de Clodomir, qui ne veille pas – paradoxalement – sur le tunnel qui porte son nom ; ou sainte Barbe qui encourage les pompiers, même moustachus.

À chaque fois, l'artiste les a représentés avec une lumineuse auréole au-dessus de la tête. Pour quelle raison ?

L'avaient-ils lorsqu'ils habitaient encore le monde des vivants ? Hélas non.

Les historiens datent du VIIe siècle l'adoption généralisée de l'auréole. Pour une raison étrangement utilitaire.

Elle servait tout simplement de parapluie aux statues exposées à l'extérieur des sanctuaires, qui subissaient les assauts répétés des intempéries, de l'érosion et des fientes d'oiseaux.

Les premières auréoles, en bois ou en cuivre, avaient la forme de grandes assiettes circulaires. Mais elles conféraient au saint qu'elles protégeaient un port de tête si majestueux, que même les peintres et les sculpteurs de bas-reliefs les ont adoptées dans leurs œuvres.

Sauf Kandinsky et Jackson Pollock.
Jusqu'à preuve du contraire…

15

Pourquoi les hommes ont-ils de la barbe ?

Barbe de trois jours, bouc, collier façon nain de Blanche-Neige (ou instit' des années 1970), barbe de sapeur… il y a cent manières d'arborer cette pilosité qui revient sur le devant de la scène, après un long purgatoire.

C'est bien joli tout ça, mais à quoi ça sert ? Qu'est-ce que nous apporte la barbe, biologiquement ? À tenir chaud ? Si tel était cas, pourquoi les femmes, pas moins frileuses que les mâles, n'en seraient pas pourvues ? Elles ont bien des cheveux et des poils sous les bras…

Oubliez les modes et les religions. Il semble que la barbe présente des avantages insoupçonnés. La clé du mystère n'a été dévoilée qu'en 2011, grâce à une étude scientifique australienne, publiée dans le vénérable *Oxford Journal*.

Les chercheurs ont établi qu'un des principaux bénéfices de la barbe – et de la moustache – est d'offrir une protection au visage, notamment contre le rayonnement ultraviolet. À l'aide d'un appareil mesurant l'intensité des UV, ils ont évalué la protection fournie par les poils du visage en fonction du positionnement du soleil et de la longueur de la barbe. Cette dernière

permettrait, dans les conditions idéales de longueur et d'angle des rayons solaires, de filtrer 90 à 95 % des rayons UV. Les poils longs sont particulièrement efficaces lorsque le soleil est bas, tandis que des courts suffisent quand il est haut dans le ciel.

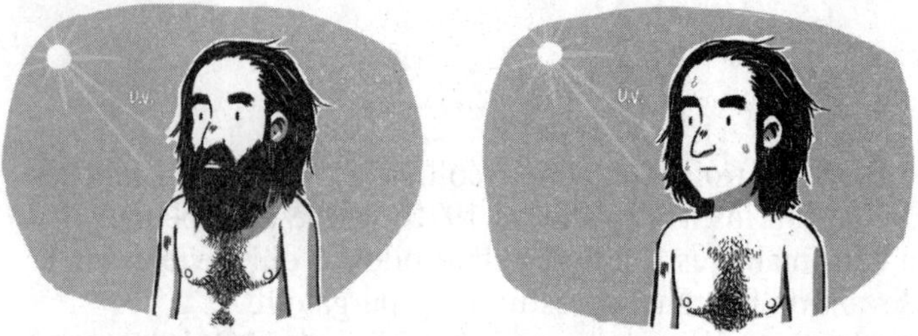

Mais ce n'est pas tout : cette touffe agit comme un « piège » à pollen et à poussière. En évitant que le barbu ne les respire, elle offre une protection contre l'asthme et les allergies.

Mais je vous entends d'ici, Mesdames, Mesdemoiselles, si la barbe a tant de vertus, pourquoi les femmes en sont-elles dépourvues par la nature ? Les chercheurs australiens se sont posé la question. Selon eux, cela est dû à la présence de la testostérone à haute dose dans le corps masculin, une hormone qui notamment permet un développement des muscles plus important. Tout cela parce que les mâles, dans la nature, sont généralement ceux qui chassent. Les hommes des cavernes sortaient de la grotte hiver comme été, alors que les femmes restaient davantage à l'ombre, dans la grotte ou sous la hutte, auprès des enfants. Comme quoi, tout n'a pas forcément beaucoup évolué depuis la préhistoire.

Jusqu'à preuve du contraire…

16

Pourquoi les couteaux de table ont-ils le bout arrondi ?

Vous savez faire la différence entre un couteau de table et un couteau de chasse. S'ils tranchent tous deux pareillement la viande, le second est pointu, tandis que le premier s'arrondit à l'extrémité.

Pourquoi cet enfantillage ? Ne me dites pas que dans un banquet, la propension des convives les pousserait alors à se percer la poitrine plutôt que de fêter un baptême, un mariage, un bel enterrement, ou un divorce réussi.

Non. Vous ne me le dites pas. Avec raison.

Autrefois, les premiers couteaux de table avaient la pointe aiguisée comme des sabres de cosaques. Comme tous les autres couteaux d'ailleurs. Le premier couteau de table à bout arrondi serait apparu en France vers 1630.

Pas n'importe où. À la table du cardinal de Richelieu, alias Armand du Plessis, ministre du roi Louis XIII. Politicien habile, Richelieu ne se préoccupait pas seulement des finances de l'État, mais aussi de bonnes manières et de protocole.

Un beau jour, il décida de mettre fin à une pratique aussi populaire que barbare : se curer les dents en fin de repas avec la pointe de son couteau. Les manuels de savoir-vivre le déploraient depuis plus de deux siècles, mais rien n'y faisait.

Plutôt que d'interdire cette pratique à sa table, Richelieu demanda à son maître d'hôtel d'arrondir à la lime la pointe de ses couteaux.

Par amour des bonnes mœurs, autant que par déférente imitation du ministre tout-puissant, de nombreux gentilshommes adoptèrent chez eux cette pratique. Les plus zélés commandèrent directement des couteaux arrondis à leur fournisseur. L'usage de couteaux aux pointes émoussées se répandit ainsi depuis la fin du XVIIe siècle.

Pas de quoi sortir son Opinel.

Jusqu'à preuve du contraire…

17

Pourquoi le pape est-il appelé le « souverain pontife » ?

Ne me dites pas que vous ne l'avez pas entendu mille fois depuis la démission de Benoît XVI : François Ier, pardon, François tout court est le nouveau pape, le nouveau « souverain pontife » comme le répètent en boucle les journalistes pour éviter les répétitions. Mais pourquoi ces termes : pontife, pontificat. Quel rapport avec Jésus ?

À dire vrai, pas grand-chose. Étymologiquement, l'adjectif « pontife » vient du latin *pontifex*, « qui fait le pont ». (Notez que @pontifex est d'ailleurs le nom du compte Twitter du pape. C'était celui de Benoît XVI, c'est désormais celui de son successeur François.) Le terme « pontife » naît à Rome, bien avant l'arrivée de la religion catholique. Les pontifes étaient les ministres du culte dans l'Antiquité romaine, autrement dit les membres de l'ancienne religion romaine. Il y avait quatre collèges sacerdotaux, dont l'un était le collège pontifical.

Pourquoi ce terme ? Parce que les pontifes sont chargés – entre autres – de l'entretien d'un pont sacré, le pont Sublicius, malheureusement disparu aujourd'hui. C'est le premier de la ville. Il a été construit sur le Tibre durant le règne d'Ancus Marcius, entre 640 et 616 avant J.-C. Il fut détruit plusieurs fois mais toujours reconstruit. Il était en bois, sans pièces métalliques, pour des raisons avant tout stratégiques (il fallait qu'il puisse être démonté rapidement, voire carrément détruit, en cas de menace d'invasion).

Le pont est donc à la charge du collège des pontifes. Et il y a de quoi faire, car il est régulièrement endommagé par des inondations. Les dégâts provoqués sont moins craints pour eux-mêmes que considérés comme mauvais présage. Des deux côtés du Tibre, les prêtres célébraient aussi des sacrifices solennels.

Leur chef, à la tête du collège pontifical, porte le titre le plus élevé : celui de grand pontife (*pontifex maximus*). C'était souvent l'empereur en personne. Sur les pièces de monnaie à son effigie, Jules César arbore ses attributs de grand pontife.

Et puis, au IVe siècle de notre ère, le christianisme succédera à la religion romaine. Le titre de *pontifex maximus* sera réservé au pape, évêque de Rome, également appelé *summus pontifex* (souverain pontife) ou pontife romain (*pontifex romanus*).

Et pardonnez-moi si vous m'avez trouvé un peu… pontifiant. Cela ne se reproduira plus.

Jusqu'à preuve du contraire…

18

Pourquoi les *skins* ont-ils les cheveux rasés ?

Vous avez déjà croisé des *skins* dans la rue. Et surtout dans les matches de foot. Ce sont ces jeunes excités qui vocifèrent en bande dans les tribunes populaires, le crâne entièrement rasé. Le phénomène des *hooligans* leur doit beaucoup.

« *Skin* » est l'abréviation du mot anglais « *skinhead* », qu'on pourrait traduire par « tête lisse ». Ce ne sont ni des militaires, ni des nageurs olympiques. Alors pourquoi se sont-ils rasé le crâne ?

La mode *skin* est née en Angleterre au début des années 1960, dans les banlieues déshéritées de Londres. Ce qui ne fait qu'ajouter à la confusion. Quoi de plus élégant en effet qu'une bande de jeunes Anglais de cette époque ? Qu'on songe aux Mods, aux Teddys, ou aux Quatre de Liverpool…

La tradition s'est perdue. Au commencement, les *mods* anglais roulent en scooter et écoutent de la *soul music*. Les rockers font le contraire : ils roulent en moto et n'écoutent pas de musique noire. C'est pour ça qu'ils se sont battus trois ans de suite sur les plages anglaises. À quoi ressemble le *mod* ? Coupe à la française, chaussures à l'italienne, un parka sur le dos et des amphétamines dans le bec – voici le *mod* du début. La sophistication continentale à la portée du jeune ouvrier anglais.

Les futurs *skinheads* prolongeront ce fétichisme du vêtement « qui classe ». À la fin des années 1960, ils porteront le digne manteau bleu, la chemise blanche à col ouvert, et le godillot ciré. C'est l'arrivée du psychédélisme, et la conversion de la fraction écolière et petite-bourgeoise des *mods* au rock, qui soleil d'Ibiza), en cognant tout ce qu'ils trouvent (bagarreurs d'hier, les autres crient maintenant *« peace and love »* !), et en se coupant les cheveux (les autres les laissent pousser).

Leur trilogie : bagarre, bière et football. Ils se retrouvent dans les stades pour picoler, suivre un peu la rencontre, puis tranquillement exploser la gueule des supporters de l'équipe adverse, même de leur propre équipe – suivant le nombre de bières ingurgitées.

À tel point que le gros du public prend peur ; on n'ose plus venir aux matches.

Alors la police décide de frapper fort. Elle lâche à l'entrée des stades des agents montés à cheval. Et qui, pour neutraliser les *skins*, les attrapent par la tignasse. C'est pourquoi ils se sont définitivement tondu les cheveux.

Courageusement. Jusqu'à preuve du contraire…

19

Pourquoi la consigne «Éloignez-vous de la bordure du quai»?

«L'express régional n° 2769/Le TGV en provenance de Bordeaux (rayez la mention inutile) va entrer en gare, éloignez-vous de la bordure du quai, s'il vous plaît!» Proférée avec l'accent rocailleux du chef de gare de Trifouillis-les-Bains ou par la voix suave d'une bande préenregistrée, cette consigne doit être parmi les plus répétées de France! Impossible de la rater! Mais pourquoi cette précaution martelée si souvent? Pour éviter les accidents, me répondrez-vous, et vous aurez raison! Mais quel est donc ce risque d'accident? Se faire accrocher au passage par le train? *A priori*, rien ne dépasse… Et puis le souffle devrait nous en éloigner, non?

En fait, l'explication défie l'intuition…

Pour comprendre, il faut se replonger dans les cours de physique, et plus précisément se remémorer la relation de Bernoulli. Elle ne concerne pas la cuisson des nouilles, mais la mécanique des fluides… Schématiquement, il faut retenir que la pression et la vitesse sont deux valeurs corrélées, c'est-à-dire que la variation de l'une entraîne celle de

l'autre. Et, plus précisément, quand la vitesse d'un fluide augmente, sa pression baisse.

Revenons à notre train. L'air autour du quai est immobile avant son arrivée. Lorsque le train passe, il se met en mouvement. Mais contrairement à ce que nous dicte notre instinct, la masse d'air ne va pas vers l'extérieur, mais nous attire vers le train, à cause de la baisse de pression. D'où le danger, d'autant plus aigu qu'il est invisible et en dépit du bon sens.

C'est le même principe si vous avez déjà doublé un poids lourd à moto ou avec une toute petite voiture, vous avez remarqué le phénomène : vous avez l'impression d'être en quelque sorte ramené vers le camion ! C'est aussi la raison pour laquelle l'espérance de vie d'un piéton sur la bande d'arrêt d'urgence de l'autoroute est de vingt minutes.

Je conclurai avec cette injonction, le plus amicalement du monde : éloignez-vous de la bordure du quai, s'il vous plaît !

Jusqu'à preuve du contraire…

20

Pourquoi les poules traversent-elles toujours devant les voitures ?

Vous l'avez remarqué au volant. Vous roulez en voiture, sur des départementales de campagne, au milieu des champs et des coquelicots. Chemin faisant, vous approchez d'une ferme. La cour donne sur la route. Il y a là un chien qui aboie, quelques chats assoupis, un couple de dindons, et des poules. Des ribambelles de poules.

Et soudain, à l'instant même où vous arrivez à leur hauteur, une ou deux poules traversent la route, juste devant vos roues. Vous vous souvenez ? En tout cas vos freins s'en souviennent. Question : pourquoi les poules traversent-elles toujours devant les voitures ?

Pour une raison tellement évidente qu'on l'oublie : si les poules traversaient derrière votre voiture (c'est-à-dire après votre passage), vous ne les verriez pas. Vous en déduisez donc qu'elles traversent toujours devant vous.

Mais le brave fermier, qui reste assis toute la journée devant sa porte sur une chaise tressée, il peut vous assurer que ses poules traversent n'importe quand, avant et après les voitures, toute la journée. Tout n'est qu'une question de point de vue. (À la montagne, ce sont surtout les moutons…)

Jusqu'à preuve du contraire…

Pourquoi le cœur est-il représenté en forme de cœur ?

Quand j'étais adolescent, je me demandais ce que voulait dire ce mot, *Iony*, qu'on voyait sur les T-shirts des chanceux qui revenaient des États-Unis. J'ai compris plus tard qu'il fallait lire I ♥NY : *I love New York !*

Ah, le cœur ! Sur les cartes à jouer, dans les journaux intimes, gravé sur l'écorce des arbres, le ♥ est l'un des symboles les plus utilisés au monde, compris dans tous les pays… Mais d'où vient cette forme ? Pas de la forme réelle du cœur, en tout cas. D'ailleurs, pendant très longtemps les dissections étaient rigoureusement interdites par l'Église, et pourtant les peintres représentaient déjà des cœurs… Il fallait bien qu'ils trouvassent leur inspiration ailleurs que dans la réalité[1]. Certains prétendent que c'étaient des animaux qui étaient étudiés et que leur cœur avait servi de modèle. Hypothèse fausse, puisque aucun cœur animal ne ressemble à un ♥ symétrique et régulier. D'autres avancent que les Vikings seraient les inventeurs de cette forme, dans laquelle ils auraient vu le postérieur de leurs compagnes. Et pourquoi pas un ∞ pour la poitrine ? L'explication est ailleurs.

1. Et moi que j'arrête de me la jouer avec l'imparfait du subjonctif.

Tout part de l'Antiquité. Dionysos, le dieu du Vin (et de la sensualité, de la chair et de la bonne chère) est associé à la feuille de vigne. Elle-même était souvent accompagnée d'une feuille de lierre, plante réputée pour sa solidité et sa résistance. Le lierre s'agrippe entre les pierres des murs, s'enroule aux branches, si difficile à enlever. Voilà pourquoi il évoquait l'amour solide et durable. On représente bientôt cette vertu par le contour de sa feuille qui, de représentation, se fait symbole.

Au Moyen Âge, ce symbole prend la couleur rouge : c'est la couleur du sang, donc par essence du cœur. Un tableau, représentant sainte Catherine de Sienne échangeant son cœur avec Jésus (de Giovanni di Paolo di Grazia et datant de 1460-1465) l'illustre à merveille (voir ci-dessus). Sainte Catherine brandit un cœur stylisé. Et comme on croyait à l'époque que les sentiments humains provenaient du cœur, le symbole et l'organe n'ont plus fait qu'un.

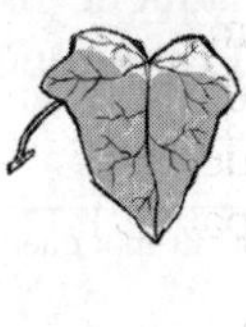

Rodrigue en sait quelque chose !

Jusqu'à preuve du contraire…

22

Pourquoi les Belges ont-ils inventé la frite ?

Comment imaginer un bon steak-frites sans frites ? C'est tout bonnement impensable. (Alors qu'on peut très bien imaginer un poulet-frites sans steak ; pour vous dire à quel point les frites sont indispensables à la gastronomie.)

Comment imaginer un trottoir belge sans frites ? C'est tout bonnement impensable. La frite est au Belge ce que le Belge est à la frite : une part de son patrimoine.

Techniquement, la frite s'obtient d'une pomme de terre, épluchée, coupée en lamelles parallélépipédiques, et plongée dans l'huile bouillante. Pourquoi les Belges ont-ils élaboré un mode de cuisson si complexe – et si riche en lipides – plutôt que de la faire cuire à l'eau, sur la braise, ou poêlée en tranches ? Et d'abord : pourquoi les Belges ? Pourquoi pas les Français, nous autres dépositaires planétaires de l'art culinaire, à tel point qu'en anglais « frites » se dit « *French fries* » ?

À cause de notre lenteur. Contrairement à une idée reçue, ce n'est pas le Français Parmentier qui a répandu l'usage de la pomme de terre en Europe. L'homme au hachis du même nom ne l'a fait que dans notre pays, et seulement à partir de 1773. Or, la pomme de terre, rapportée d'Amérique par les Conquistadores, est dégustée dès le début du XVIIe siècle, de l'Espagne à la Prusse, en passant par… les provinces belges. En Belgique, la culture de la pomme de terre se répand à partir de 1680 ; tant et si bien que quelques années plus tard, la province du Hainaut en exporte vers l'Angleterre. Bref : comme Eddy Merckx dans le Tourmalet, les Belges sont en avance. Le décor est planté. L'Histoire est en marche.

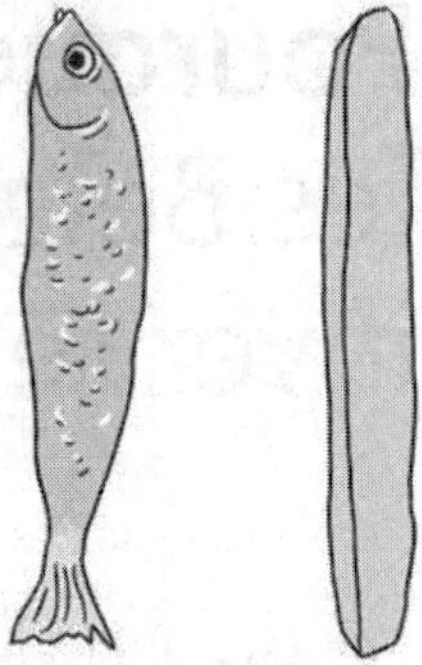

Tout va alors se jouer à Namur, sur les bords de la Meuse. À cette époque, les Namurois cultivent, en plus du tubercule, une tradition charmante : la fête à la friture. Ils pêchent dans la Meuse chaque année à la même période de petits poissons qu'ils font ensuite frire à l'huile. Toute la ville se réunit alors pour déguster la friture.

Or, une année (on ne sait plus laquelle exactement), survient un inconvénient majeur : la rivière est gelée. Une vraie banquise. Impossible de pêcher. Pas de fête à la friture.

Qu'à cela ne tienne ! Les Namurois ne s'avouent pas vaincus pour autant. Ils découpent des pommes de terre en petits bâtonnets, de la forme et à la taille des poissons, puis les font frire. Inutile d'en rajouter, vous avez compris : la frite était née.

La première trace écrite de la légendaire recette remonte à 1781. La dernière trace remonte à hier soir, sur le tablier de Walter Waterzoï, agent de nettoyage chez Burger-Magic à Bruxelles.

Jusqu'à preuve du contraire…

23

Pourquoi dit-on qu'il ne faut pas se passer le sel de la main à la main ?

Qui ne s'est pas pris ce genre de vent à table ? « Pose la salière, Fifi, ça porte malheur ! »

C'est là une superstition encore bien vivace (alors que plus personne ne s'enfuit à la vue d'un chat noir). La tradition et l'usage veulent que l'on ne se transmette pas la salière de main en main. On la pose sur la table et on attend que l'autre la saisisse.

D'où vient cette coutume ? Serait-ce un signe de distinction permettant – sous l'alibi du savoir-vivre – de trier le petit peuple de la haute ? Pas du tout, c'est une histoire de blé. Enfin, de blé…

Un indice ? Le mot « salaire » tire son origine du latin *sal* signifiant « sel ».

C'est du côté des temps anciens de la Rome antique que se trouve l'origine de cette pratique, qui n'était en aucun cas une superstition, mais une précaution.

À cette époque, le sel est une monnaie d'échange. Les légionnaires reçoivent d'ailleurs une certaine quantité de sel pour prix des services rendus. Afin de ne pas en perdre un grain, toute famille romaine, même modeste, possède une salière.

Imaginez maintenant que dans un dîner bien arrosé, Claudius passe le sel à son copain Caïus, et là : patatras !

La salière ripe et laisse la précieuse poudre se disperser sur la table, dans les assiettes et dans les verres. L'incident domestique tourne à la catastrophe financière. Deux semaines

de salaire – c'est le cas de le dire – partent en fumée. Qui va payer ? Claudius qui tenait le récipient ? Ou Caïus qui s'apprêtait à s'en saisir ? Quelle tête feriez-vous à un déjeuner de famille, si la moitié de vos revenus mensuels s'évaporaient en une fraction de seconde par la faute du cousin Jean ? Pour éviter tout conflit, pour préserver les amitiés et les relations, l'usage consista à poser la salière bien à plat, sur la table, à portée de main de qui la demandait. En cas de chute intempestive, on connaissait le responsable.

Cette précaution n'est pas tombée en désuétude après la chute de l'Empire romain. Au cours des siècles suivants, si le sel ne joue plus le rôle de salaire, il reste une denrée rare ; d'autant plus coûteuse que, désormais, des taxes pèsent sur lui. Au Moyen Âge, le sel est l'objet d'un impôt sévère : la gabelle. Parce qu'il est indispensable et vital au peuple pour se nourrir, conserver les aliments et élever le bétail, le royaume de France s'en assure le monopole… pour mieux le distribuer en petite quantité et le surtaxer ! À la fin du règne de François Ier, le sel coûte aussi cher que les épices venues d'Inde. Le sel a été considéré comme une véritable richesse jusqu'à l'invention au XIXe siècle de la pasteurisation puis du réfrigérateur. Il était appelé « l'or blanc ».

Depuis la découverte du pétrole, l'administration fiscale s'est rabattue sur l'or noir pour ponctionner ses concitoyens. Mais l'addition reste salée.

Jusqu'à preuve du contraire…

24

Pourquoi l'ordre des touches sur les machines à écrire est-il *AZERTYUIOP* ?

Vous l'avez tous remarqué. L'ordre de la première rangée de touches sur une machine à écrire (ou sur un ordinateur, ou sur votre Minitel) est le suivant : *AZERTYUIOP*.

C'est idiot ! Il n'existe pas de mot dans lequel le *Z* suit le *A*, le *R* précède le *T*, et où le *Y* et le *I* entourent le *U*. Et ainsi de suite…

Alors pourquoi a-t-on délibérément choisi un mode de fonctionnement aussi incongru au lieu d'un système simple pour frapper vite ?

Justement, parce qu'on ne voulait pas aller trop vite.

Lorsque l'Américain Christopher Latham Sholes, imprimeur de son métier, inventa la machine à écrire en 1868, la mécanique connaissait quelques ratés. Dès les premiers essais, les doigts des secrétaires couraient trop rapidement sur les touches. La machine se coinçait et ne parvenait pas à enchaîner lettre sur lettre.

Sholes consulta alors son frère, professeur de son état, qui trouva la parade.

Pour masquer les défauts de l'appareil, il fallait d'abord éloigner les lettres fréquemment utilisées en combinaison. Par exemple, sur les claviers français, le *Q* et le *U*.

Ensuite, ils placèrent les lettres les plus utilisées sous l'emplacement des doigts les moins agiles (par exemple, le *A* se déclenche au moyen du petit doigt, alors que le *G*, plus rare, est la proie du vaillant index).

De la même façon, les lettres les plus utilisées, comme le *E*, le *S*, le *R* ou le *T*, sont toutes destinées à être frappées avec les doigts de la main gauche. La main gauche justement, qui porte bien son nom (chez les droitiers en tout cas).

Résultat : aux États-Unis, l'ordre des touches choisi fut *QWERTY*, en France *AZERTY*. La production en série de machines à écrire démarra en 1874, quand Sholes eut vendu son prototype à Remington.

De nos jours, les machines pourraient suivre des cadences de frappe dix à mille fois plus rapides. Mais pas les doigts experts des secrétaires. Alors rien n'a changé.

Jusqu'à preuve du contraire…

25

Pourquoi dit-on de Paris qu'elle est la « Ville lumière » ?

Les amoureux l'ont remarqué ; autant dire que l'Humanité entière l'a remarqué : Paris est la « ville-lumière », la cité idéale où la passion brille de mille feux et ne s'éteint jamais.

D'où vient la formidable et lumineuse réputation de notre capitale ? Il faut remonter loin. L'expression date du XVIIe siècle. À l'époque, les étrangers de passage à Paris étaient fascinés de voir qu'à n'importe quelle heure du jour et surtout de la nuit, les boulevards comme les ruelles restaient éclairés. Les poètes se pâmaient. Les amants en redemandaient.

Croyez-vous que c'était pour le folklore ? Pour laisser admirer les jolies dames ?

Hélas non. Ces années-là, Paris aurait pu prétendre au titre mondial de capitale du crime. À tel point qu'en 1524 et 1558, deux arrêtés du Parlement obligèrent les bourgeois à installer une chandelle à leur fenêtre. Lisez plutôt : « Les vols, meurtres et accidents qui arrivent journellement en nostre bonne ville de Paris, faute de clarté suffisante dans les rues, et d'ailleurs la plupart des bourgeois et gens d'affaires n'ayant pas les moyens d'entretenir des valets pour se faire éclairer la nuit, n'osant pour lors se hazarder [*sic*] d'aller et venir par les rues [...], il serait nécessaire d'établir des porte-lanternes et porte-flambeaux pour conduire et éclairer ceux qui voudront aller et venir par les rues. »

Malheureusement, l'effet de cette directive fut insuffisant, et les « mauvais garçons » continuèrent à mettre la cité à feu et à sang. C'est avec l'arrivée de La Reynie au poste de lieutenant général de police (1680) que le règlement devint plus rigoureux.

Il imposa qu'on éclaire toutes les rues, toutes les impasses, la moindre ruelle.

Madame de Sévigné put écrire à son amie : « Nous trouvâmes plaisant d'aller ramener Madame Scarron, à minuit, au fin fond du faubourg Saint-Germain fort au-delà de Madame Lafayette, quasi auprès de Vaugirard dans la campagne… Nous revînmes gaiement à la faveur des lanternes dans la sûreté des voleurs. »

La réputation de Paris, ville-lumière, était faite.

Jusqu'à preuve du contraire…

26

Pourquoi les personnages de mangas ont-ils de grands yeux ?

Ah, les dessins animés de notre enfance, les Goldorak et Albator, les Candy et Heidi qui rythmaient les sorties d'école ! Leurs grands yeux, démesurés, qui faisaient dire à nos parents que le dessin était raté... Mais pourquoi tous ces dessins animés japonais – et tous les livres sortis plus tard – mettaient-ils en scène des personnages avec cette caractéristique commune ? Surtout qu'ils viennent d'un pays où les gens ont les yeux bridés... Pour se distinguer ? Pour ne pas être confondus avec le commun des mortels ? Pour jouer aux Européens ?

Un peu d'histoire d'abord... Les dessins animés, la « japanimation » comme disent les spécialistes, empruntent à l'univers graphique du manga. En japonais, le mot « manga », composé de *ga* (画), la représentation graphique, et *man* (漫), la distraction, la légèreté, peut être traduit de différentes façons : « dessin au trait libre », « esquisse au gré de la fantaisie ». Utilisé à partir du XVIIIe siècle, il prend le sens de bande dessinée au XXe.

Mais sa véritable popularité naît après guerre, avec son maître absolu, Osamu Tezuka. Ce mangaka – dessinateur de mangas – né en 1928 avait un père fanatique de cinéma,

qui possédait son propre projecteur. C'est ainsi que Tezuka fit une découverte majeure, avant tous les autres Japonais…

Tezuka, marqué par les personnages de Disney, adore particulièrement Bambi. Ses héros auront désormais de grands yeux enfantins et très expressifs. Osamu Tezuka a été appelé le « Hergé japonais » ou encore « Manga no Kamisama » (le dieu du manga). Son influence est majeure sur tous les dessinateurs de mangas qui viendront après lui. Les grands yeux deviennent donc un passage obligé, une marque de fabrique de toute la bande dessinée japonaise.

La majorité des personnages de mangas respectent donc ce code, même s'ils racontent des histoires horribles de serial killers qui tuent, violent, et torturent ! Mais pas dans cet ordre. Un hommage à Bambi, je vous dis.

Jusqu'à preuve du contraire…

27

Pourquoi les shar-Pei ont-ils la peau plissée ?

Vous connaissez certainement le chien shar-Pei. La publicité en fait une intense consommation, avec sa bonne bouille de gros nounours, toute ratatinée. C'est ce chien qui a la peau tellement boursouflée de jolis plis de velours qu'on jurerait que son corps a rétréci au lavage.

Le shar-Pei est un chien chinois dont on situe l'origine sur la côte sud du pays, et dans la province du Kuang tung (je précise pour les voyageurs et les vétérinaires). Des statuettes le représentaient déjà dans des sites d'avant notre ère, il y a plus de deux mille ans.

D'abord affectés à la garde des temples, les plus vaillants spécimens furent ensuite dressés à tuer le tigre et le sanglier.

Mais surtout, il semble que le shar-Pei ait été recherché et sélectionné par les éleveurs chinois pour ses aptitudes au combat de chiens. C'est en tout cas l'hypothèse la plus probable.

Pourquoi lui et pas une autre race ?

Grâce à ses plis, qui l'avantageaient. Eh oui ! Car son adversaire n'avait que de la peau à se mettre sous les crocs. Quand le shar-Pei se faisait mordre, ses organes vitaux étaient plus difficilement atteints. Donc mieux préservés. D'autre part, sa peau lâche permettait au combattant de se retourner pour entamer à son tour l'adversaire qui l'avait saisi. Les éleveurs ont donc croisé entre eux les spécimens les plus fournis en « peau superflue ».

Finalement, le shar-Pei a presque disparu de Chine. Pas à cause des morsures. Mais du Grand Bond en avant. Mao considérait le chien comme une bouche inutile. À partir de 1947, le gouvernement révolutionnaire l'a taxé comme un vulgaire animal de luxe.

Une vie de chien !

Jusqu'à preuve du contraire…

28

Pourquoi avons-nous des empreintes digitales ?

Bon sang mais c'est bien sûr ! L'assassin habitait au 21 ! Comment le savons-nous ? Mais parce qu'il a laissé une trace unique de son passage, ses empreintes digitales. Le dessin que forment les rainures sur la dernière phalange de ses doigts. Quelle idée de posséder une telle signature ! Surtout quand on a décidé de se lancer dans une carrière criminelle… Pourquoi la nature nous a-t-elle donc infligé une telle particularité ?

La présence des empreintes digitales, et surtout leur caractère unique chez les individus, a été découverte par le criminologue croate Ivan Vucetic (1858-1925). On utilise d'ailleurs toujours le terme de méthode « vuceticienne » dans la police.

Les crêtes papillaires sont espacées d'un tiers de millimètre environ. Le dessin qu'elles forment sur le doigt apparaît à quelques semaines de grossesse et ne change plus jamais. La probabilité que deux personnes aient les mêmes est quasiment nulle : une chance sur soixante-quatre milliards (1/64 000 000 000 !). Même chez les vrais jumeaux. Ceci fut estimé par un cousin de Darwin, Francis Galton, dès 1892.

Mais à quoi servent-elles ? À signer un papier de manière irrévocable quand on ne sait pas écrire ? Ce n'est pas une boutade : c'est ce qui se pratiquait chez certains peuples bien avant Sherlock Holmes, par exemple à Babylone en 3000 avant J.-C. ou dans la Chine antique (VIIe siècle avant J.-C.).

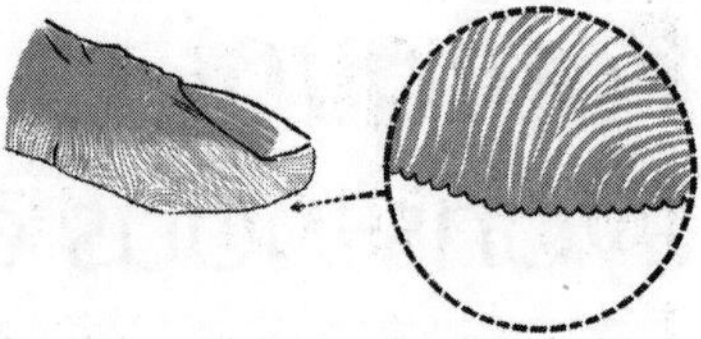

L'explication est évidemment ailleurs. L'utilité des sillons digitaux est avant tout technique : ils améliorent les performances de nos doigts. En effet, un peu comme pour les pneumatiques de voiture, les reliefs du bout des doigts servent à évacuer l'eau, donc à améliorer la préhension des objets, une pierre ou un bout de bois. Les crêtes sont plus rapidement sèches que les creux, l'eau (ou l'humidité) coule dans les creux et donc l'objet a plus de chance de rester entre les doigts.

Sauf quand il s'agira d'une savonnette mouillée.

Jusqu'à preuve du contraire…

29

Pourquoi les miroirs inversent-ils les côtés, mais pas le haut et le bas ?

Nous sommes tous restés perplexes un beau matin devant notre image en nous habillant ou en nous coiffant.

Monsieur, si vous portez la raie à droite, dans la glace, vous l'avez vue à gauche. De la même façon, Madame, votre montre, délicatement attachée à votre poignet gauche, se reflète du côté droit. Mademoiselle, troublante Narcisse, depuis le temps que vous vous admirez à demi-nue, vous l'avez constaté : les miroirs inversent la droite et la gauche. Mais alors : comment se fait-il que votre tête reste en haut, et vos pieds en bas ?

Vous pouvez essayer de tourner votre miroir de 90 degrés (autrement dit d'un quart de tour), l'effet sera le même. Rien à voir donc avec la structure interne du verre. Alors quoi ?

L'explication est toute simple : c'est que les glaces réfléchissantes, contrairement aux apparences, n'inversent pas les côtés.

Reprenons l'exemple de la montre. Supposons que lorsque vous regardez dans votre glace, la commode avec le vase se trouve à votre gauche, et l'étagère à votre droite. Votre montre, accrochée au poignet gauche, sera du côté de la commode. Eh bien son reflet aussi !

Et ce grain de beauté qui embellit votre joue droite, il restera toujours du côté de l'étagère : dans la pièce, comme dans le miroir.

Même motif, même punition : votre tête qui se tient en hauteur (du moins je vous le souhaite) voisine avec le plafond, et vos pieds – en bas – avec le plancher. Dans la glace et dans la réalité.

En fait, c'est ce que nous appelons « droite » et « gauche » qui varie suivant notre orientation.

Les marins connaissent bien ce problème. Sur un navire, bâbord est à gauche, mais seulement si on est tourné dans le sens de la marche. Si l'on fait demi-tour pour regarder vers l'arrière du bateau, c'est tribord qui se trouve sur la gauche.

Et en politique ? C'est trop compliqué.

Jusqu'à preuve du contraire…

30

Pourquoi la station spatiale Mir est-elle si étroite ?

La Terre vue de l'espace... Le rêve d'une grande partie des hommes. La belle bleue, si calme depuis les profondeurs de l'espace intersidéral... C'est l'image de rêve que nous avons en tête. Ce rêve, des cosmonautes russes l'ont vécu, les premiers, pendant de longs mois, rejoints par toutes les nationalités. Condamnées à bien s'entendre. Car la station Mir présente des conditions de logement assez particulières, pour ne pas dire spartiates. Imaginez que la plus grande pièce de la station mesure seulement 2 mètres de large pour 7,7 mètres de long. Le diamètre extérieur ne dépassait pas, en effet, 4,15 mètres. Mais pourquoi, alors qu'on a tout l'espace pour s'installer, se contente-t-on d'une station aussi étriquée ? Pour faire des économies de chauffage ? Problème de poids au décollage ? Pénurie de papier peint ?

J'exagère, mais l'explication est tout de même assez triviale...

Je ne vous apprends rien : les éléments de la station spatiale sont arrimés à la fusée qui doit les expédier en orbite. En l'occurrence, la fusée Proton. Et ce lanceur ne dépasse pas 4,15 mètres de diamètre. Contrainte des scientifiques spécialistes de l'espace ? Pas du tout : des chemins

de fer soviétiques ! Car la fusée est acheminée par train jusqu'au pas de lancement de Baïkonour. Or, l'encombrement maximum supporté par les chemins de fer russes est de 4,15 mètres ! C'est par voie de conséquence celui des modules de la station Mir. Alors, les Russes ont compensé en arrimant jusqu'à six modules à la station de base, de manière à augmenter l'espace de vie des occupants. Ils étaient trois en temps normal, et pouvaient se regrouper jusqu'à six pendant des durées n'excédant pas un mois.

De nos jours, notez que la partie russe de la Station internationale (ISS) fait toujours 4,15 mètres de diamètre extérieur. Une bonne raison de vous faire préférer le train.

Jusqu'à preuve du contraire…

31

Pourquoi les aiguilles d'une montre tournent-elles dans le sens des aiguilles d'une montre ?

Vous l'avez tous remarqué. Si vous ne l'avez pas remarqué : regardez votre montre : il ne doit pas être loin de la demie. Et dans quelques secondes, la trotteuse aura bougé. Dans quel sens ? Dans le sens des aiguilles d'une montre, justement ! Impossible de se tromper.

Mais pourquoi dans ce sens-là ?

Parce que la toute première horloge est apparue à la cour de France au XIIe siècle. En France : c'est-à-dire dans l'hémisphère nord. Vous vous dites « et alors » ?

Et alors, avant l'invention de l'horloge (puis de la montre), les hommes utilisaient des cadrans solaires.

Et dans quel sens tourne l'ombre sur un cadran solaire ?

Dans le sens des aiguilles d'une montre…

Si l'horloge avait été inventée dans l'hémisphère sud, cela aurait été l'inverse. Les aiguilles de la montre auraient tourné dans le sens contraire des aiguilles d'une montre.

Jusqu'à preuve du contraire…

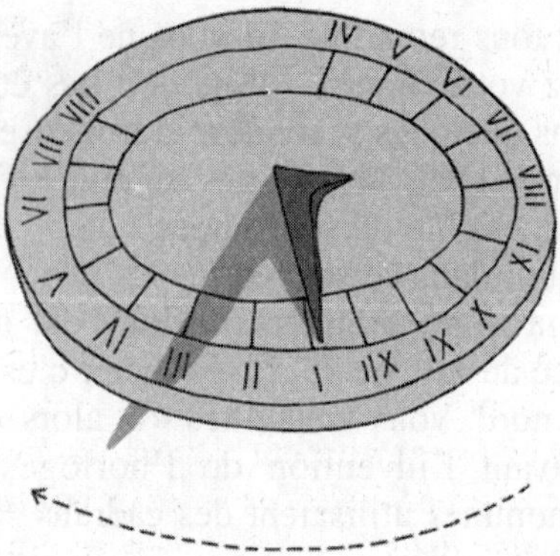

32

Pourquoi le fond des bouteilles de vin n'est-il pas plat ?

Même après deux litres, vous l'avez remarqué en vidant la dernière goutte : il y a un petit creux au fond de la bouteille de vin.

C'est un peu curieux, ce trou dans le fond – plus ou moins accentué d'ailleurs (certains œnologues du dimanche prétendent que l'on reconnaît une bonne bouteille de bordeaux à la profondeur de ce trou. Ben voyons !). Cela rend les opérations de mesure du volume plus compliquées (allez calculer le volume du creux…), le moule est plus complexe à élaborer; bref, rien que des inconvénients, au moins pour la fabrication.

À quoi sert ce trou ? Les tenants de la théorie du complot ont leur explication : c'est pour faire croire au consommateur qu'il y a davantage de liquide que ce que le vigneron veut bien lui livrer. Explication évidemment erronée puisque toutes les bouteilles contiennent légalement 75 centilitres. En tout cas en France.

Certains choisissent le point de vue du sommelier : cela peut assurer une meilleure prise à la bouteille : on peut mettre son pouce dans la partie incurvée pour servir.

En réalité, l'explication vise à favoriser les fêtards pas très – hips ! – attentifs. C'est qu'en incurvant le fond de la bouteille, on limite les points de contact avec la surface sur laquelle on la pose, ce qui lui assure une meilleure stabilité sur la table. Pour le plus grand plaisir des noceurs – et de celui ou celle qui fera le ménage ensuite ! Une bouteille posée d'un geste mal assuré a moins de risque de se renverser. Faites la comparaison avec une bouteille d'eau minérale à fond plat. Vous la posez sur une noix par exemple, elle peut se retrouver illico à l'horizontale : glou glou glou…

Un seul homme a vu un inconvénient à ce système : le tsar Alexandre II, qui craignait tant les attentats qu'il avait demandé que le fond des bouteilles de champagne Cristal de Roederer qui lui étaient livrées soit plat, afin d'éviter qu'une bombe y soit cachée.

Parano excessive ! Le seul risque d'attentat, c'est que les divines bouteilles se renversent trop facilement. Comme disait l'autre : jusqu'à trois litres, c'est de la gourmandise.

Jusqu'à preuve du contraire…

33

Pourquoi certains personnages de bande dessinée n'ont-ils que quatre doigts à chaque main ?

Vous avez remarqué la main de Bugs Bunny ? Et celle de Donald ? Ou celle de Pif le Chien (un Français, pourtant) ?

Presque toutes les mains des personnages de bandes dessinées et de dessins animés n'ont que quatre doigts. En tout cas chez les comiques. On les reconnaît à ça. Exactement comme David Vincent démasquait *Les Envahisseurs*, mais en sens inverse.

Bref : pourquoi l'oncle Picsou compte-t-il ses lingots sur seulement huit doigts ? Comique ou pas, je ne vois pas ce qu'il y a de drôle dans cette amputation.

Comme il vaut mieux s'adresser au Bon Dieu qu'à ses saints, la réponse nous arrive des Studios Walt Disney…

Parce que c'est plus facile à dessiner ! C'est tout bête, mais c'est comme ça.

Pour autant, personne ne sait quel doigt a été supprimé par les dessinateurs. Les experts penchent pour l'auriculaire, puisqu'à part le pouce, les trois doigts qui restent ont la même taille.

Ils sont galants, chez Disney. Car seules quelques privilégiées peuvent profiter de leurs dix doigts : Blanche-Neige et Cendrillon. Les jolies femmes savent toujours quoi faire d'un doigt en trop.

Jusqu'à preuve du contraire…

34

Pourquoi porte-t-on les montres au poignet ?

Qu'on tapote son poignet l'air exaspéré, qu'on se torde le cou dans le métro pour tenter de voir l'heure, qu'on remonte discrètement sa manche pendant une réunion interminable, on a tous le même réflexe : chercher l'heure au poignet. Parce que nous avons (presque) tous des montres-bracelets... Fini le temps des arrière-grands-parents où l'ancêtre tirait d'un geste auguste sa tocante de son gousset, elle-même bien arrimée à la boutonnière ou au pantalon par une élégante chaînette. Pourquoi cette innovation ? On ne peut pas dire que l'époque soit devenue plus sûre...

Comme l'automobile, l'aviation, le téléphone ou l'électronique, qu'on le veuille ou non, la plupart des bonds technologiques sont nés de la guerre. En l'occurrence, la montre-bracelet fut une demande de l'un des plus grands stratèges militaires de l'histoire : Napoléon. La maîtrise du temps est une donnée essentielle dans une bataille. On songe au soleil d'Austerlitz : les troupes austro-russes ensevelies par la fonte de la glace des marais à un moment précis, anticipé par l'Empereur. Loin de leurs bases, les Français étaient 73 200, leurs adversaires 85 400, et disposaient du double de canons. Ils furent pourtant anéantis. Deux siècles plus tard, cette bataille est toujours étudiée comme un modèle dans les écoles militaires.

Bref. Napoléon ne voulait pas perdre de temps – ni de chaleur – à tirer une montre de son gousset. Un simple geste du poignet, et il était informé du temps qui passe, et du temps qu'il reste.

La coquetterie n'est pas absente des champs de bataille. Si Napoléon était attaché aux garde-temps pour des raisons pratiques (coordonner ses attaques avec ses maréchaux), il y avait aussi des raisons de prestige : il aimait arborer les dernières innovations pour en imposer.

En tout cas, l'Empereur a lancé la mode. A-t-il inspiré sa sœur ? La maison Bréguet se targue d'avoir créé la première montre-bracelet féminine pour la reine de Naples, Caroline Murat. Durant le XIXe siècle, des bijoutiers comme Cartier vont créer des modèles pour femmes ornés de diamants. La montre ne se cache plus dans les poches : elle devient un bijou en vogue. Le testament impérial répertorie plusieurs montres, dont les plus précieuses seront léguées à son fils.

Si on n'a pas une Rolex à cinquante ans, c'est qu'on a raté sa vie, avait professé un publicitaire âgé. Joli ratage. Napoléon est mort à 52 ans.

Jusqu'à preuve du contraire…

35

Pourquoi est-il distingué de manger le petit doigt en l'air ?

Vous l'avez remarqué en allant souper chez Madame la Duchesse du Bout du Manche de La Brosse. Ou en contemplant les photos du dîner dans *Point de vue-Images du monde*. Rien ne se révèle plus précieux et délicat que de manger le petit doigt en l'air. Cette subtile crispation des phalanges confère indéniablement une posture de personne bien élevée, à condition toutefois de ne pas se moucher ensuite dans la nappe.

Démystifions l'affaire. Le petit doigt en l'air, c'est bien joli, mais c'est pas pratique. Alors pourquoi cette étrange politesse ?

La coutume remonte au Moyen Âge. En cette époque fruste, même le plus maniéré des princes, en comparaison de notre savoir-vivre actuel, se gavait la panse avec l'élégance du porc d'élevage.

À table ! Sans jamais se laver les mains, les seigneurs féodaux se servaient directement dans un plat unique, que l'on faisait passer. Ils mangeaient avec les doigts sans vergogne. Ils se curaient les dents à l'aide d'une arête ou d'un os de poulet. Et les convives buvaient tous dans le même gobelet.

Ils gardaient cependant toujours un ou deux doigts levés afin de les laisser libres de graisse. Dans quel but ? Qu'ils restent secs avant de se servir en condiments et en assaisonnements. Si ! Essayez donc de saupoudrer une pincée de sel les doigts badigeonnés de miel et de sauce à la crème.

Ainsi naquit l'usage du petit doigt levé comme signe de distinction, qui fut plus tard adapté à l'utilisation de la cuillère et de la fourchette.

Jusqu'à preuve du contraire…

36

Pourquoi les chats peuvent-ils dormir en plein soleil ?

Nous les avons tous enviés un jour, ces gros matous étirés au soleil, les yeux clos, qui dorment à pattes fermées, placides et bienheureux… C'est d'ailleurs pour cette raison que les tigres, les panthères, les lions, et même les persans d'appartement ont été baptisés des « félins ». Du latin *felix*, qui signifie « heureux ».

Il y a de quoi être jaloux. Les humains les mieux entraînés au *farniente* n'y arrivent pas. Même le Mexicain des bandes dessinées de *Lucky Luke* réclame son indispensable sombrero géant pour pouvoir s'assoupir sur les rails du chemin de fer.

Alors comment font les chats pour s'endormir en pleine lumière ? Tout simplement, en fermant leurs paupières.

Parce que sous leurs paupières, celles que vous voyez fermées, les chats disposent d'une deuxième paire de paupières. Des paupières qui ne se ferment pas comme les autres, de haut en bas, selon un trait horizontal, mais au contraire comme un rideau de théâtre, avec des bords à la verticale. Cette fois, plus aucun rayon lumineux ne passe.

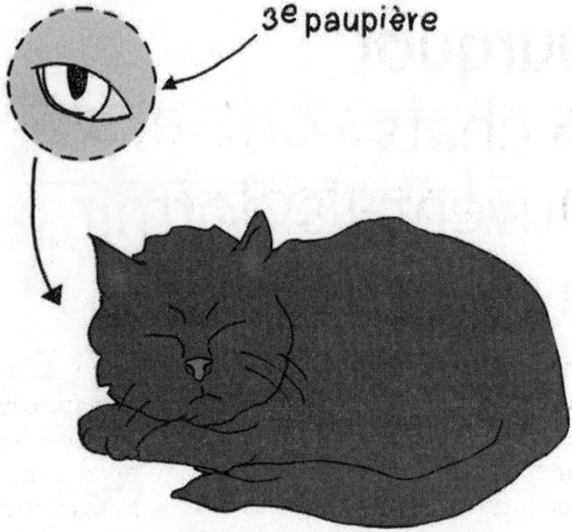

Deux paires de paupières, la tête au sud, en plein été, c'est certainement le secret du bonheur.

Jusqu'à preuve du contraire…

37

Pourquoi les girafes ont-elles un si long cou ?

Long cou et petite tête, la girafe est l'élégante de la savane. Ses longues pattes lui donnent une allure nonchalante qui ajoute à son charme... On la voit, l'air un peu hautain – forcément, quand on regarde le monde de si haut... –, se promener dans les herbes hautes de la savane et arracher d'un coup de dents des feuilles d'arbres... qu'elle est la seule à pouvoir atteindre ! La girafe peut atteindre 5,50 m, voire 5,80 m pour les plus hautes. Une femelle pèse aux alentours d'une tonne, et les plus gros mâles avoisinent 1,8 tonne.

Le cou des girafes a été l'objet de bien des supputations. Près de deux mètres de long : pourquoi si long ? Il est évident qu'il leur permet d'être les seules à atteindre certaines feuilles en haut des arbres. C'est même devenu au XIXe siècle le point d'orgue d'une querelle de scientifiques. Un peu comme la poule et l'œuf... D'un côté, Darwin pour lequel les girafes à long cou sont les seules à avoir survécu car elles étaient avantagées pour se nourrir et, de l'autre, Jean-Baptiste Lamarck pour qui le cou des girafes a « poussé » pour s'adapter aux conditions. Proches, donc, car tous deux pensent qu'il y a eu antérieurement une race de girafes au petit cou.

Mais il a fallu attendre des découvertes récentes pour enfin connaître le fin mot de l'histoire.

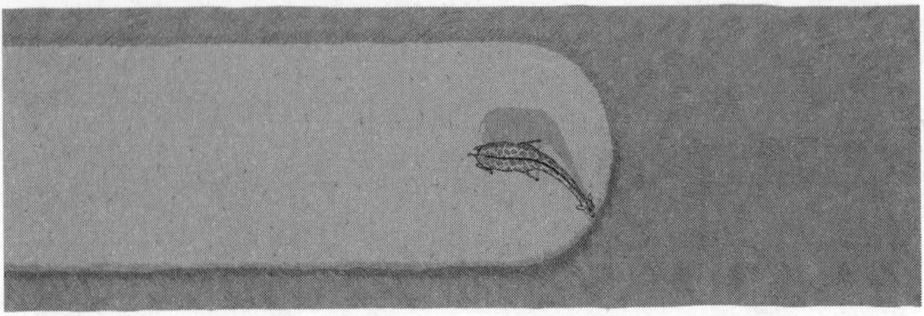

On a en effet découvert des fossiles de l'ancêtre de la girafe, le giraffokeryx, dont le cou est lui aussi long. C'est donc la preuve que l'évolution n'explique pas le cou de la girafe, car son ancêtre vivait il y a cinq millions d'années. Le fait de ne pas trouver de « traces » de la progression du cou de la girafe porte un coup – pour le coup – aux deux naturalistes. Si Lamarck avait tort, on ne peut pas dire non plus que Darwin avait raison…

Ou alors, ce sont les arbres qui se sont mis à pousser en hauteur pour échapper aux dents des girafes ?

Les girafes mangent en effet cent kilos environ de feuilles par jour, de préférence de jeunes pousses d'acacias, gorgées d'eau. Car lorsqu'il s'agit de boire de l'eau à même le sol, dans une mare ou une rivière, leur long cou est un handicap, car elles doivent alors faire une sorte de grand écart, posture qui les rend vulnérables avec des prédateurs dans leur dos.

L'alimentation de la girafe ne se limite pas aux feuilles des arbres, loin de là. Elle ne cesse de se déplacer pour trouver sa nourriture. Chemin faisant, elle broute l'herbe sous ses pas. Elle doit parcourir de telles distances qu'elle est le seul ruminant qui rumine en marchant. Les zoologues ont découvert il y a peu de temps que son immense cou lui conférait un avantage supplémentaire : elle peut balayer une très grande surface tout en avançant en ligne droite et donc en dépensant le moins possible d'énergie. Un peu comme un aspirateur avec un très, très long manche, donc un grand rayon d'action. Cinq mètres de diamètre ! De quoi attraper sa nourriture sans trop d'efforts !

Jusqu'à preuve du contraire…

38

Pourquoi les hockeyeurs se tapent-ils toujours dessus ?

Le hockey sur glace est l'un des sports les plus rapides, et les plus violents aussi. Les gars passent leur temps à patiner, à courir après le palet, à frapper dedans mais aussi à se frapper dessus. Ils se donnent des coups d'épaules, s'envoient valdinguer contre les parois du terrain... Au Canada et aux États-Unis, il se vend même des DVD uniquement composés de bagarres entre joueurs.

Comment expliquer que les hockeyeurs se tapent toujours sur la gueule ?

Parce qu'ils ont un casque, par conséquent ce serait sans danger ? Certes. Mais le casque sert avant tout à les protéger du palet, des chutes, et des coups de crosses plus ou moins involontaires.

Sauf que dans les bagarres, il arrive souvent qu'un joueur perde son casque, et le pugilat ne cesse pas pour autant.

Allez, un indice : les hockeyeurs sur gazon n'ont pas du tout les mêmes habitudes belliqueuses...

Il y a une autre explication : c'est que sur la patinoire, les hockeyeurs ne se font pas mal. Question de physique élémentaire. Vous savez que toute action nécessite une réaction.

Quand une voiture percute un platane, le choc affecte autant l'arbre que la voiture (et je ne parle pas d'un pilier du pont de l'Alma).

Quand un boxeur frappe un direct au visage, la tête reçoit la même quantité d'énergie que le poing subit (d'où les gants de boxe, pour protéger autant le visage que les mains).

Or au hockey, les coups portent beaucoup moins. Parce qu'une partie du choc est absorbé… par la glace. Les hockeyeurs sont sur des patins, qui glissent – c'est d'ailleurs leur raison d'être. À chaque impact, une partie de l'énergie les propulse un peu plus loin, un peu à la manière du recul d'un canon. Les coups font donc moins mal. Voilà pourquoi ces gaillards peuvent se bastonner consciencieusement pendant deux ou trois minutes. Parfois même l'arbitre en prend une en voulant les séparer. La même mandale au rugby, il quitterait le terrain sur une civière !

Jusqu'à preuve du contraire…

39

Pourquoi n'y a-t-il pas un litre de vin dans un litron de rouge ?

Tous les habitués des restaurants le savent, la bouteille du vin de la maison est composée de trois quarts… Mais si : trois fois un quart de vin (25 cl, ce qu'on appelle un pichet, bref, trois quarts font 75 cl). Et c'est la même contenance pour les bouteilles du commerce. Mais pourquoi, dans notre pays si attaché au système métrique, avons-nous abandonné le litre comme unité de base pour le vin, tout en utilisant le mot « litron » ?

De nombreuses explications ont été avancées : les bouteilles en verre devant être soufflées d'un coup (ah bon ?), l'unité de mesure était la capacité pulmonaire du souffleur… Autre théorie : cela correspondrait à une consommation « normale » pour un repas pour une personne. Whaou ! On a dit aussi que c'était meilleur pour la conservation du vin. Là non plus, cela ne tient pas, puisque, à cause de leur grande taille, les magnums sont censés être ce qui se fait de mieux…

En fait, il y a bien une logique. Et elle est commerciale.

2 gallons = 2 × 4,546091 = 9,02218 litres.

12 × 75 cl = 9 litres.

Il s'agit en effet de trouver des équivalences entre le système métrique et le système anglais d'évaluation des volumes. L'histoire, c'est que les marchands de vin bordelais faisaient beaucoup de commerce avec les Anglais. Et que ces derniers avaient des exigences particulières. Notamment celle de commander en gallons, l'unité pratiquée chez eux à Londres (pour mémoire, un gallon contient 4,54609 litres). L'usage de la bouteille s'est généralisé au XVIIIe siècle, pour des raisons de conservation du vin (pas pour le volume, mais pour la matière). Les barriques servent à l'élever, mais une fois arrivé à point, la bouteille en verre lui assure un meilleur vieillissement. Donc, il fallait que les barriques en gallons se convertissent en bouteilles facilement. C'est un petit miracle que permet une base de 75 centilitres.

Sortons la calculette : 2 gallons valent 2 × 4,54609 litres, donc 9,0218 litres. Or, il se trouve que douze bouteilles de 75 cl contiennent exactement 9 litres. Divisez cette somme par 12, vous obtenez 0,75768167 litre. Autant dire 0,75. Voilà pourquoi la contenance de 75 cl a été adoptée. Ce n'était pas un litre, ce fut un litron.

Quant aux petits 9,218 cl égarés dans la transaction, ne vous inquiétez pas, ça paye le pourboire. C'est le cas de le dire.

Jusqu'à preuve du contraire…

Pourquoi croit-on que passer sous une échelle porte malheur ?

Je vous entends d'ici : vous allez arguer que nos aïeux, à force de se ramasser des trucs sur la tête, ont décrété que ça portait malheur de passer sous une échelle.

N'en déplaise à votre intuition, la véritable cause de cette superstition n'a aucun rapport avec cette explication terre à terre. Et il nous faut cette fois remonter jusqu'aux épisodes bibliques, il y a plus de 2000 ans.

Quand le Christ a été crucifié, une échelle avait été disposée contre la croix. Rien d'extraordinaire à ce qu'aussitôt, les disciples de Jésus associent l'idée de l'échelle à celle de la mort, de la trahison, et de la cruauté. Autant dire du malheur.

Mais l'histoire ne s'arrête pas là. Au XVIIe siècle, en France et en Angleterre, la loi obligeait les condamnés à mort à passer sous une échelle, alors que le bourreau,

lui, la contournait. Plus question de croyances : passer sous une échelle revenait effectivement à courir à sa perte.

Conseil d'ami : ne soyez pas superstitieux, ça porte malheur.

Jusqu'à preuve du contraire…

41

Pourquoi le marathon fait-il 42,195 kilomètres ?

On dit que le pire, ce sont les 195 derniers mètres ! Je n'en sais rien : je n'ai jamais fait les 42 premiers kilomètres… Néanmoins, je me suis souvent endormi devant un marathon à la télé. En général, au milieu de la course, dans un replat où il ne se passe pas grand-chose et où on a droit pour la énième fois à la glorieuse histoire du coureur qui cavala de Marathon à Athènes, le premier à parcourir cette distance à pied. Mais si, vous savez : le messager qui est venu annoncer la victoire contre les Perses, en 490 avant J.-C. ; il a tout fait à pied, puis il est mort d'épuisement. Une quarantaine de kilomètres séparaient les deux cités. Environ. Mais alors, pourquoi avoir stipulé dans le règlement sportif la distance précise de 42,195 kilomètres, qui ne correspond évidemment pas au récit historique ?

Aurait-on mal calculé la distance la première fois ? *Of course not*. C'est là le résultat d'un arbitraire… royal.

Nous voici aux Jeux olympiques de 1908. Cette année-là, c'est Londres qui les organise (déjà !). Le marathon fait partie des épreuves olympiques, sur lesquelles travaillent encore les organisateurs. Les fameux « 42 kilomètres environ » ont été reconvertis dans le système local, à base de pieds et de pouces. Comme la distance n'est pas gravée dans le marbre, il est décidé de l'arrondir à 26 miles pile-poil. Un itinéraire est trouvé dans la ville et alentour.

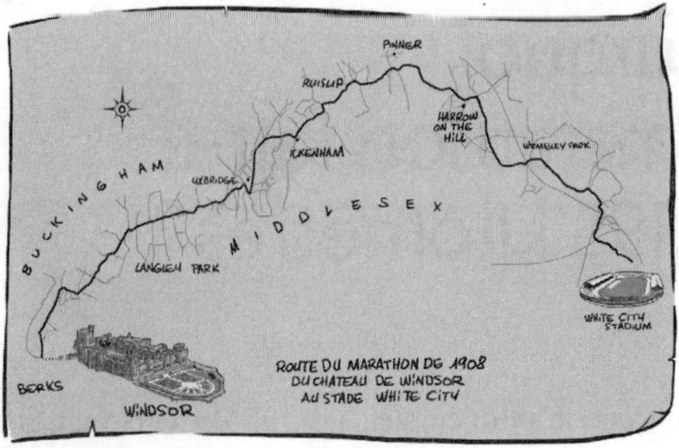

Mais un desiderata est alors exprimé par la famille royale – en fait, c'est plutôt un ordre, mais présenté à l'anglaise (« *Would you mind* »)… Le roi Édouard VII se trouvera au stade de White City et la course doit s'achever devant sa loge. Comment pourrait-il en être autrement ? Mais les enfants royaux, les princes et princesses George (futur George V), Louise, Victoria et Maud, désirent assister au départ de la course, au château de Windsor où ils résident. Or, la distance exacte entre ces deux points, telle que définie par le tracé de la course, est de 26 miles et 385 yards. Qu'à cela ne tienne ! La course sera rallongée de 385 yards. Ce qui, reconverti en système métrique, nous amène à 42,195 kilomètres. Qui deviendra désormais la mesure officielle.

Pour information, le yard mesure 0,9144 mètre. On le traduit par « verge anglaise ». C'est parfois mieux quand on ne traduit pas.

Jusqu'à preuve du contraire…

42

Pourquoi les bébés naissent-ils prématurés ?

Vous avez déjà vu un girafon sortir du ventre de sa maman ? Il s'ébroue, se dresse tant bien que mal sur ses pattes, chancelle un peu, puis commence à marcher. Rien de tout ça avec le petit homme, qui a besoin de longs mois avant de se tenir debout et encore de plusieurs semaines pour gambader. La parole elle aussi se fait attendre. Le jour de sa naissance, le bébé n'est pas autonome, c'est comme s'il était prématuré. Sauf que la couveuse, c'est maman.

La femme enfante après neuf mois de grossesse seulement. Pourquoi « seulement » ? Parce que, contrairement aux apparences, la gestation humaine serait de dix-huit mois. En tout cas, ce serait la gestation idéale, le moment où le petit homme naîtrait à égalité avec les autres petits mammifères, capable de se débrouiller seul – ou presque. Il est curieux que la nature, qui fait si bien les choses, ait laissé passer cela… Pourquoi ce défaut de perfectionnisme ?

Serait-ce parce que les humains sont plus aptes à protéger leurs rejetons que les animaux ? Pas du tout. N'inversons pas les causes et les conséquences. En fait, l'explication est mécanique…

Si le bébé restait plus longtemps dans le ventre de sa mère, la taille de son crâne augmenterait et l'empêcherait de franchir les os du bassin, et donc de naître !

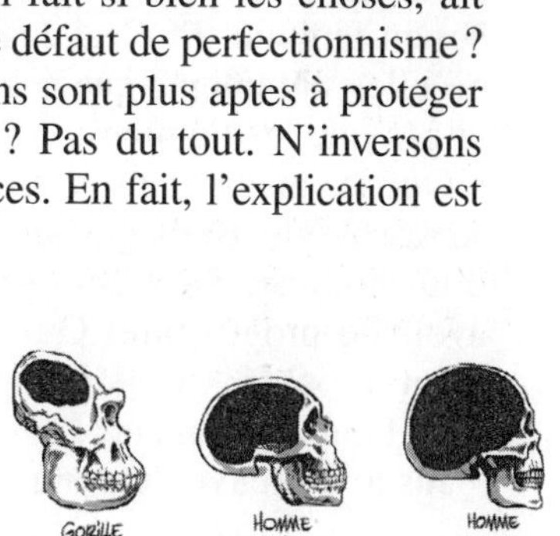

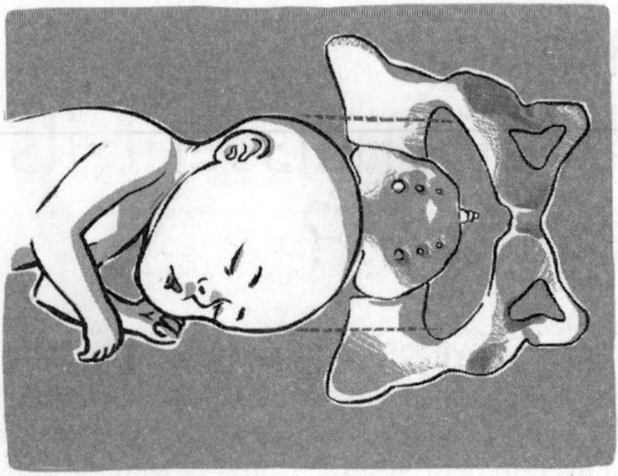

En fait, tout cela vient de l'évolution humaine. L'homme est un animal dont la première arme est l'intelligence. Le cerveau des hommes est bien plus volumineux que celui de ses cousins singes et, proportionnellement, que celui de la plupart des mammifères. La nature a trouvé ce compromis entre la taille du cerveau, lié en quelque sorte aux capacités cérébrales de son propriétaire, et ses chances de survie dans un milieu hostile, malgré les bras protecteurs de sa mère. Voyons les choses sous un autre angle : le diamètre de la boîte crânienne du bébé est à peine inférieur à la cavité du bassin féminin. Et c'est également pour cette raison, parce qu'elles enfantent, que les femmes ont les hanches plus larges que les hommes.

Que les malheureuses qui voudraient ressembler à Barbie se rassurent : Barbie est un monstre. Sa silhouette est celle d'un homme. Si Barbie existait en vrai, elle ne pourrait avoir de progéniture. Ou alors avec un cerveau ridiculement atrophié. Ce qu'on appelle la débilité. La nature est bien faite, finalement.

Jusqu'à preuve du contraire…

43

Pourquoi y a-t-il des dessins sur la tranche des pièces de monnaie ?

Prenez une pièce de deux euros. Vous observerez que la tranche est constellée de petits créneaux, comme un engrenage miniature incrusté d'étoiles. Si vous êtes un peu juste en fin de mois, rabattez-vous sur la pièce d'un euro : les créneaux sont encore là, mais se succèdent de façon discontinue. L'ancienne pièce de dix francs, elle, s'était fait poinçonner dans la largeur la devise de la République : liberté-égalité-fraternité.

Il en va ainsi pour la plupart des pièces, et pas seulement en France. On leur grave régulièrement quelque chose sur la tranche. Pourquoi ?

C'est une tradition. Et comme la plupart des traditions, elle ne doit rien à l'arbitraire.

Sous l'Ancien Régime, alors que les pièces étaient en or, des petits malins avaient trouvé une combine infaillible pour arrondir leurs fins de mois. Ils limaient le bord des pièces pour récupérer de la poudre d'or. Ensuite, ils remettaient la pièce en circulation. Ni vu ni connu. On les appela « les rogneurs » (le mot apparaît dans les dictionnaires en 1690).

Alors, pour limiter l'activité de ces rogneurs, on a inscrit une devise sur la tranche des pièces. Si on ne pouvait plus la lire, la pièce ne valait plus rien.

Bonne lecture.

Jusqu'à preuve du contraire…

44

Pourquoi levons-nous les bras en signe de victoire ?

Ouaaaiis !!! C'est gagnééé ! Je suis le plus fort ! Et même si moi je ne suis pas le plus fort, c'est nous qui sommes les plus forts !

Et chacun de sauter en l'air, les bras levés ! Quand la France marque un but, quand un président est élu, quand Martine gagne une boîte de jeux à *Question pour un champion*. Le *V* de la victoire ? *Victory ? Victoria ?* Pas du tout. En allemand, le mot se traduit par *Sieg*, et personne ne fait le *S* de la victoire. Et que dire du 勝利 chinois ?

Donc, je persiste, c'est un signe universel de joie liée à la victoire. Tous les peuples utilisent et comprennent cette gestuelle… Mimétisme ? Comme ces vagues de quidams dansant avec les mêmes gestes sur les musiques de l'été ? Hasard qui fait que le même geste signifie la même chose partout sur Terre ? Mieux que ça…

Ce geste de lever les deux bras en l'air serait une résurgence de la mimique des grands singes. C'est une posture de fierté, qui cherche en même temps à en imposer. En levant les bras, on bombe mécaniquement le torse, la tête est droite, bref, on est impressionnant (enfin, théoriquement…). Ce n'est pas du mimétisme. La preuve : les aveugles adoptent automatiquement ce geste, alors que par essence ils n'ont pas pu l'observer…

Il est particulièrement intéressant de noter que ce geste est le même chez les grands singes car, contrairement à ce que l'on a longtemps cru, nous ne descendons pas des singes… mais en sommes nous-mêmes ! C'est notamment ce qu'explique Pascal Picq, paléoanthropologue, dans son ouvrage *Le singe est-il le frère de l'homme ?* Nos espèces ont évolué en parallèle, mais gardent des caractéristiques communes, notamment dans la gestuelle.

Normal qu'en famille on fasse les mêmes gestes. Surtout si on gagne à *Une famille en or* ! Ouaaaaiiis !!!

Jusqu'à preuve du contraire…

45

Pourquoi le cobra danse-t-il devant le charmeur de serpents ?

On a tous frissonné devant ce numéro. Le vieil Indien, en turban, accroupi devant un cobra. La piqûre du reptile est mortelle, il n'est qu'à vingt centimètres de lui, et il ne l'attaque même pas. Il danse. On se demande bien quel air du hit-parade peut le charmer.

Réponse : n'importe lequel. Car en fait, le serpent est sourd. Ce n'est pas à la musique qu'il réagit, mais aux vibrations émises à partir du sol.

Or justement, pendant qu'il joue, le charmeur tape du pied. Le cobra perçoit du danger ; il se dresse pour se mettre en position de surveillance.

Les mouvements – très lents – de la flûte lui font croire qu'il a un ennemi face à lui. Le serpent ne danse pas : il ondule avec le charmeur pour contrôler la situation.

Tout l'art du charmeur de serpents consiste à se situer à la bonne distance pour maintenir la bête dans cette position de surveillance. S'il est trop près, le serpent passera à l'attaque. S'il est trop loin, il ne le contrôlera plus ; le serpent s'intéressera à autre chose, ou s'enroulera pour se reposer.

Comble de sadisme, le flûtiste joue suffisamment près de lui pour que l'air dégagé par l'instrument souffle sur son dos, ce qui agace prodigieusement le reptile. Qui reste en alerte plus longtemps. Avantage : les touristes glisseront encore plus de pièces dans le panier d'osier.

Si vous devez voyager en Inde, emportez dans vos bagages du sérum antivenin. C'est pas du pipeau.

Jusqu'à preuve du contraire…

46

Pourquoi les chouettes ont-elles de grands yeux ?

Madame la Chouette, vous avez perdu vos lunettes ! Vous le savez, les chouettes ont des mirettes immenses, qui leur donnent un air mi-savant mi-ahuri… Leurs yeux sont surdimensionnés par rapport à leur gabarit : de la même taille que les nôtres, nous humains, pour un corps quatre à cinq fois plus petit (les chouettes ne dépassent guère quarante centimètres). Autre particularité : leurs yeux sont fixes. Pour regarder dans différentes directions, elles disposent de la capacité d'orienter leur tête à 270 degrés, presque un tour complet.

Mais ce qui donne l'impression de taille démesurée de leurs yeux, c'est le masque de plume qui les entoure, nommé en langage zoologique « disque facial ». C'est là que réside leur secret.

Pour comprendre, n'oublions pas que les chouettes vivent la nuit où, par définition, on n'y voit rien. Même si leur vue est meilleure que la nôtre, elles ont tout de même besoin d'un autre de leurs sens : l'ouïe.

Le disque facial, qui serait comme un masque de plume, mais incurvé, c'est-à-dire creux, est en réalité un amplificateur sonore : il ramène le son vers les oreilles et leur permet de détecter leurs proies au moindre mouvement. Un peu comme une parabole.

Au-dessus de leur tête, se trouvent également deux petits faisceaux de plumes, les aigrettes, qui jouent le même

rôle : faire converger les vibrations sonores vers l'oreille, à la manière de paravents. Avec cet équipement, une chouette peut ainsi percevoir des sons très ténus, comme la course d'une souris, sur l'herbe, à plus de vingt-cinq mètres. Alors, je vous dis pas, un rat…

Jusqu'à preuve du contraire…

47

Pourquoi chez les Musulmans, hommes et femmes ne prient-ils pas ensemble ?

Vous avez tous vu cette image, à la mosquée, ou dans un reportage télé. Les Musulmans prient en s'agenouillant dans la direction de La Mecque. Les Musulmanes aussi. De la même façon, et dans la même direction.

Pourtant, alors que les bancs des églises sont mixtes, chez les Musulmans, les hommes et les femmes ne prient pas ensemble. Pourquoi ?

La séparation a été dictée par le prophète Mahomet dans le Coran. Selon son enseignement, la prière est exclusivement tournée vers Dieu. Rien ne doit tourmenter les fidèles.

La présence de femmes parmi les hommes, ou d'hommes parmi les femmes, risquerait de disperser leurs pensées.

D'autre part, il ne faut pas perdre de vue que la prière se fait à genoux.

Supposons qu'elle soit mixte, et qu'un homme se trouve juste derrière une charmante jeune femme. Lorsqu'ils vont s'agenouiller, il aura face à son regard non seulement La Mecque, mais aussi et surtout le postérieur de sa voisine. Ses fesses, quoi…

Comment voulez-vous ne penser qu'à Dieu dans ces conditions ?

Comme aimait à le répéter Alexandre Vialatte : « Et c'est ainsi qu'Allah est grand… »

Jusqu'à preuve du contraire…

48

Pourquoi y a-t-il autant d'Hôtels du Cheval Blanc ?

Tapez ces mots dans Google : « auberge du Cheval Blanc » ou « hôtel du Cheval Blanc », c'est le tonneau des Danaïdes ! Impossible d'arriver à la fin de la liste des résultats. Pourquoi ce manque d'imagination de la part des hôteliers ?

En fait, l'explication dédouane ces braves commerçants qui n'ont fait que suivre une règle du commerce et du marketing : se démarquer des autres. Mais comme ils ont été nombreux à le faire en même temps…

Je m'explique. Un cheval blanc est rare, donc remarquable. La robe blanche de certains chevaux est due à un gène que les généticiens appelles « W ». C'est une mutation qui a débouché sur cette particularité. Quand on croise une jument blanche et un étalon blanc, les risques de fausse couche sont élevés (dans un quart des cas). Seuls les porteurs des gènes Ww survivent et sont blancs. Dans ce croisement « à risque », les probabilités se décomposent comme suit : on a 50 % de chances d'avoir un poulain Ww (poulain blanc), 25 % d'avoir un WW (poulain non viable) et 25 % d'avoir un ww (poulain viable mais d'une autre couleur). Compte tenu des risques de mortalité, les éleveurs croisent très peu les chevaux blancs. Ce qui accroît d'autant leur rareté. C'est un cercle vicieux.

Revenons à nos auberges. Sous l'Ancien Régime, avant qu'existent les adresses modernes avec des numéros de maisons permettant d'identifier un lieu, on devait se fier aux détails fournis par une description. Beaucoup de gens ne savaient pas lire, ce qui limitait l'usage des panneaux écrits. Il y avait bien les enseignes dessinées, mais cela ne suffisait pas.

Alors, plutôt que d'appeler son établissement « Auberge Martin », ou « Auberge de la Fontaine », un patron plus malin que les autres a eu l'idée d'attacher un de ses chevaux devant. Le blanc. Pour se faire remarquer. Et ce sont les voyageurs qui ont baptisé ainsi son établissement : l'Auberge du Cheval Blanc. Sur la route, ils la retrouvaient facilement. Jusqu'au jour où il y en a eu de partout…

Et j'entends d'ici les petits malins me demander : et pourquoi l'Auberge du Lion d'Or ? Aucun aubergiste n'a jamais attaché de lion devant sa porte ! Certes, mais certains aimaient les calembours. Au Lion d'Or, sous-entend ceci : au lit on dort !

Jusqu'à preuve du contraire…

49

Pourquoi les vêtements des hommes ne se boutonnent-ils pas comme ceux des femmes ?

Tous les esthètes le savent, toutes les *fashionistas*, et aussi celles et ceux qui ont l'habitude d'emprunter les vêtements de leur conjoint(e) : le sens du boutonnage des chemises n'est pas le même suivant les sexes.

Sur les chemises de garçons, les boutons sont cousus sur le pan de droite, et le pan de gauche vient s'y poser ; sur les chemisiers de filles, c'est l'inverse.

Pour quelle raison ? Par snobisme ? Par sexisme ? Parce que les couturiers et les stylistes sont des personnes inconstantes ? Pour vendre deux fois plus de chemises ? Pour qu'une maman ne puisse pas passer les vêtements du petit frère à la petite sœur et *vice versa* ?

Rien de tout cela.

Ce sont les activités principales des hommes et des femmes qui expliquent cela. Un peu d'histoire : remontons quelques siècles en arrière, quand le T-shirt n'avait pas été inventé.

Les hommes, guerriers invétérés, tiennent leur épée de la main droite. Ils doivent pouvoir ouvrir leur veste de la main gauche pour dégager leur arme et la saisir de leur main la plus habile.

Les femmes, elles, tiennent leur bébé sur leur bras gauche. C'est donc leur main droite qui est libre pour dégrafer leur corsage (ou toute autre tâche demandant de l'habileté). L'autre explication au fait que les femmes tiennent leur bébé sur le bras gauche est qu'ainsi, la tête du nourrisson repose près du cœur de leur mère, dont les battements réguliers l'apaisent.

Jusqu'à preuve du contraire…

50

Pourquoi les infirmières sont-elles en blanc, alors que les chirurgiens sont en vert ?

À la maternité, à l'hôpital ou devant la télévision qui fait intense consommation d'images médicales (reportages, *Docteur House*, *telenovelas* au rabais, publicités d'assurance-vie, etc.), les visiteurs et les cameramen se posent la même question : « Pourquoi les infirmières s'habillent-elles en blanc, et les chirurgiens en vert ? »

Jusqu'au début du siècle, les chirurgiens, comme tout le personnel médical, ne portaient que du blanc. Symbole de pureté, et indirectement d'hygiène.

En 1914, aux débuts de la Grande Guerre, un Américain dont l'Histoire oublia le nom trouva que cet étalage de traces de sang sur sa blouse blanche était du plus mauvais goût, lui rappelant les bouchers de son enfance. Il choisit donc une jolie couleur vert épinard pour atténuer ce rouge trop voyant. Dans le monde entier, ses honorables confrères l'imitèrent. Mais n'en restèrent pas là, car un autre élément entra en ligne de compte…

À la fin de la Seconde Guerre mondiale, on modifia l'éclairage des blocs opératoires. Les blouses des chirurgiens passèrent alors au coloris « vert brumeux », mieux adapté. En 1960, elles devinrent « bleu phoque ». Pourquoi cette modification ? Parce que cette couleur ressortait mieux sur les écrans vidéo utilisés pour les démonstrations chirurgicales destinées aux étudiants.

Enfin, de nouvelles lampes sont apparues dans les années 1970. Tellement puissantes que les vêtements blancs devenaient éblouissants sous leurs feux. On a donc choisi des teintes qui ne réfléchissent pas la lumière. Y compris pour les infirmières et les anesthésistes.

En fait, au bloc, il n'existe plus désormais de discrimination chromatique selon les fonctions hiérarchiques. La différence joue entre le bloc opératoire et les consultations. Les tenues pour les visites en chambre restent blanches pour tous, médecins ou « petit personnel ». Et tous se mettent au bleu ou au vert pour passer le sas de stérilité vers la salle d'opération.

Seuls certains brancardiers restent perpétuellement en sombre, à cause de leurs incessants déplacements.

Jusqu'à preuve du contraire…

51

Pourquoi y a-t-il si peu de bistrots en banlieue, pourtant surpeuplée ?

Juste un chiffre pour commencer. Alors que certains villages de 500 habitants peuvent s'enorgueillir et profiter de huit ou dix bistrots différents, on ne relève à Rosny-sous-Bois qu'une moyenne d'un café pour 6 200 habitants. À la Queue-en-Brie, record de France : 1 café pour 9 200 habitants ! Vous imaginez 9 200 assoiffés sur le même zinc ? Impossible de se parler. Et même de boire.

Pourquoi ce handicap ?

L'implantation des cafés est régie en France par le code des débits de boissons. Avec un souci : prévenir l'ivresse publique. L'article L28 stipule « l'ouverture de tout nouvel établissement de 4e catégorie est interdite en dehors des cas prévus par l'article L47 ».

Or les cas prévus par la loi sont draconiens : il faut que la commune soit totalement privée de débits de boissons. Ou alors qu'il s'agisse d'une installation dans une nouvelle agglomération de plus de 450 000 habitants. Ou alors racheter la licence d'un endroit qui ferme, ceci avec des démarches administratives compliquées à l'extrême.

Problème : ces textes de loi remontent à 1959, bien avant l'explosion démographique des banlieues. Depuis cinquante ans, la population des villes de banlieue s'est multipliée par 5 ou par 10. Mais le nombre de cafés n'a plus bougé, sinon à la baisse.

Comme si cela ne suffisait pas, certains arrêtés communaux interdisent d'ouvrir un débit de boissons à moins de 500 ou 800 mètres d'écoles ou d'églises.

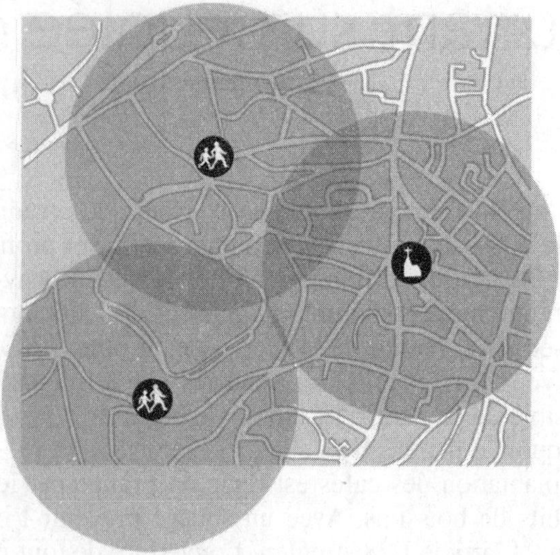

Sans remonter jusqu'à Jules Ferry, avouons que cette « distance de sécurité » se justifiait lorsque les immeubles plafonnaient à six ou sept étages. Avec l'avènement du béton, un millier de personnes peuvent désormais s'entasser dans la même tour, soit l'équivalent de plusieurs villages de campagne. Supposons qu'un collège se trouve au pied d'une des tours ; ses voisins n'auront jamais l'occasion de fêter le brevet du petit le coude sur le comptoir d'à-côté.

Jusqu'à preuve du contraire…

52

Pourquoi le ketchup ne veut-il jamais sortir de la bouteille ?

Je sais, j'exagère. J'ai écrit «jamais», alors qu'en fait, le ketchup finit toujours par s'écouler dans l'assiette. Mais péniblement, dans la douleur, après avoir martelé cinquante fois l'arrière du flacon. On va y venir.

Pourquoi les fabricants n'ont-ils jamais eu l'idée de fabriquer des flacons moins étroits, ou du ketchup moins compact, ou des bouteilles souples ?

Mais ils l'ont eue, l'idée ! Mais les consommateurs renâclent à acheter ces ingénieux produits (comme les bouchons en métal sur les bouteilles de vin). Aux États-Unis, pays inventeur du ketchup, toutes les marques ont essayé de commercialiser de nouveaux flacons plus faciles à vider (et donc plus vite remplacés). Les as du marketing ont tenté l'expérience. Ils ont placé côte à côte en rayon les deux modèles, l'ancien et le nouveau. Verdict : les acheteurs préféraient l'ancienne bouteille, celle qui verse mal. Moi le premier, tout en persistant bêtement à râler contre le ketchup qui ne veut pas se répandre dans l'assiette. Et à taper à l'arrière de la bouteille. Car chacun l'a observé : ça vient plus vite comme cela. Si on attend que le ketchup daigne couler tout seul, les frites seront froides à l'arrivée !

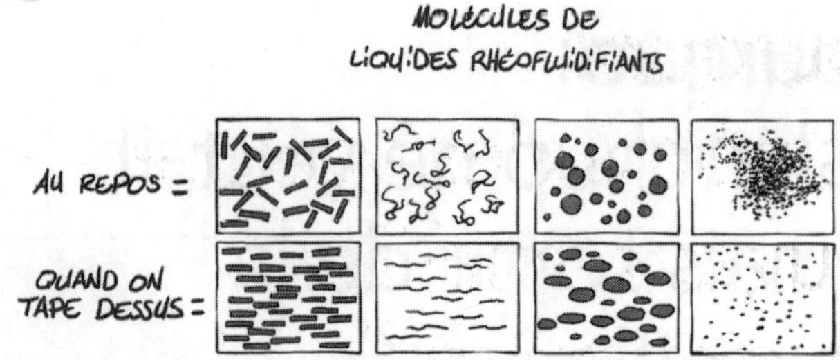

Et plus on tape fort, plus il vient vite. Bien sûr, allez-vous me dire, parce que la force se transmet dans le liquide… Pas du tout. C'est même totalement faux du point de vue physique. En revanche, sous des dehors simplistes, le ketchup est un liquide très particulier. Découvrons son secret…

Cette émulsion tomatée appartient en effet à la catégorie des fluides que l'on nomme « rhéofluidifiants ». Ils voient leur fluidité croître lorsqu'ils subissent des chocs. La raison en est la structure de certaines de leurs particules qui, disposées de manière asymétrique, ont tendance à s'organiser sous l'effet de ce que l'on appelle scientifiquement une « contrainte de cisaillement », c'est-à-dire lorsqu'on exerce une force sur la surface de la matière. À l'inverse, des fluides « rhéoépaississants » sont rendus plus solides par les chocs : ainsi, on ne peut faire pénétrer une cuillère dans de la Maïzena si on tape sur la surface avec, alors qu'elle s'enfonce très bien quand on s'y prend doucement.

Revenons à notre ketchup. Pour qu'il s'écoule facilement, les cuisiniers-concepteurs ont imaginé d'autres solutions. Du ketchup moins consistant ? Les gens n'aiment pas : ils le trouvent trop liquide. Des bouteilles avec un goulot plus large ? Les gens n'aiment pas : ça leur rappelle le jus de tomate. Dans les deux cas, ce sont les stocks qui ne s'écoulent plus.

Jusqu'à preuve du contraire…

53

Pourquoi les noms des voitures Peugeot ont-ils un zéro au milieu ?

Tout le monde sait reconnaître une Peugeot rien qu'à son matricule, sans même citer la marque.

Si je vous dis XTZ 123, vous devinez que ce n'en est pas une. Si je choisis 404, 205, 605, là c'est une Peugeot ! Même la 909, un modèle qui pourtant n'existe pas encore…

Rien ne prédestinait Armand Peugeot, fondateur de la marque en 1832, à placer un zéro sur la barre des dizaines de chacune de ses appellations. L'industriel n'était ni fétichiste, ni numérologue. La 205 ou la 604 auraient pu tout aussi bien se dénommer la 25 ou la 64.

D'ailleurs, ses premiers modèles s'appelaient 10, 12, ou 25 : des nombres de deux chiffres. En 1910, le photographe Jacques-Henri Lartigue se réjouissait de rouler au volant de la puissante Peugeot 22.

L'année 1928 marque un tournant dans l'histoire de la firme de Sochaux. Avec la 201 (six chevaux) exposée au Salon de Paris, Peugeot inaugure les dénominations à trois chiffres. Dans sa roue suivent la 301 de huit chevaux, la 401 de dix chevaux, et la 601 de douze chevaux. Toutes avec un zéro au milieu ; pourquoi ?

Les responsables du style avaient placé le sigle de chaque voiture à l'avant du capot. Or, à cette époque, le démarreur électrique n'existait pas encore. Il fallait bien mettre quelque part le trou pour la manivelle. Les ingénieurs ont alors fait d'une pierre deux coups. Le zéro serait percé !

La direction de Peugeot décida que ce serait là le signe distinctif de l'appellation de ses modèles. Elle déposa tous les numéros de trois chiffres comportant un zéro au milieu : de 101 à 909. Pour éviter que la concurrence n'imite l'astuce.

Précaution utile. En 1963, Porsche tenta en vain de lancer son nouveau coupé 901. Après d'âpres négociations, il fut rebaptisé 911.

Pas de quoi non plus s'appesantir 107 ans.

Jusqu'à preuve du contraire...

54

Pourquoi La Palice énonçait-il des lapalissades ?

« Les prévisions sont difficiles, surtout quand elles concernent l'avenir. » Impossible de contredire Jacques Chirac, interrogé par *Le Figaro Magazine* en février 1993.

Vous reconnaissez là ce qu'on appelle une lapalissade : une évidence, un truisme, une « affirmation dont l'évidence prête à rire » selon *Le Robert*. L'art d'enfoncer les portes ouvertes et de voler au secours de la victoire est particulièrement exercé par certains... On ajoute parfois : « M. de La Palice n'aurait pas dit mieux. » Mais qui était donc ce grand homme pour avoir laissé une telle trace ? Un rhéteur malhabile ? Un champion de la phrase toute faite ? Un coq (en pâte) de salon ?

Rien de tout cela. M. Jacques Chabannes de La Palice, né en 1470, était un soldat, maréchal de France, qui servit trois rois. Pas spécialement beau parleur, mais homme d'action. Alors, pourquoi cette réputation ?

Aux côtés de François Ier, La Palice commandait une partie des troupes françaises lors du siège de Pavie, en 1525, où il trouva la mort. À sa gloire, ses soldats composèrent une chanson. Le texte se termine par ces vers :

Hélas s'il n'était pas mort,
Il ferait encore envie.

Or, à l'époque, les graphies du *f* et du *s* étaient identiques, et le couplet, mal lu, est devenu :

Helaſ ſ'il n'etait paſ mort
il ſerait encore envie
Hélas s'il n'était pas mort,
Il serait encore en vie.

Le pauvre M. de La Palice fut tourné en ridicule pour la postérité, lui qui prit part à toutes les grandes batailles jusqu'à ce funeste 24 février 1525, au cours de la VIe guerre d'Italie. Cette chanson a elle-même été brocardée par d'autres auteurs, notamment La Monnoye, au XVIIIe siècle, qui a écrit le fameux « Un quart d'heure avant sa mort, il était encore en vie ».

Une dernière pour la route ? Cette découverte de Johnny Hallyday, alors concurrent du rallye Paris-Dakar : « Tu te rends compte que si on n'avait pas perdu une heure et quart, on serait là depuis une heure et quart ?... »

Jusqu'à preuve du contraire…

55

Pourquoi Mickey Mouse porte-t-il des gants ?

Vous l'avez remarqué en époussetant les trésors de votre bibliothèque : Mickey, Minnie et leurs amis Pluto et Dingo portent des gants. Nuit et jour. Été comme hiver.

Est-ce là l'expression d'une coquetterie ? Plutôt celle d'un dilemme.

Mickey Mouse apparaît en 1928 dans un dessin animé produit par les Studios Disney intitulé « *Plane Crazy* ». Deux ans plus tard, le rongeur le plus célèbre de l'univers atterrit en bande dessinée, dans un *strip* écrit par Walt Disney lui-même, et crayonné par le dessinateur Ub Iwerks. Mickey est alors une petite souris des champs, en culotte rouge maintenue par deux gros boutons jaunes.

Peu à peu, la chétive bestiole va se moderniser et investir la ville, pour vivre des aventures dans un cadre urbain, plus proche de son lectorat. Ses papas lui font rencontrer de nouveaux personnages : Minnie et Pluto en 1931, et en 1933 Goofy (rebaptisé Dingo en France).

Toujours en gants blancs. Pourquoi ?

Disney avait culotté Mickey par décence.

Il avait convenu sans peine de remplacer les pattes de sa souris par des bras, plus enrichissants du point de vue de la narration.

Cependant, il hésitait sur le sort des griffes. Maintenir le rongeur avec ses griffes d'origine lui conférait un caractère

trop agressif. À l'inverse, une souris avec des ongles aux mains pouvait paraître suspecte. L'avisé Walt trancha ainsi : Mickey aurait des mains, mais gantées.

En revanche, quelques années plus tard, la « famille canard » se passera de gants. Entre 1934 et 1940, Donald, puis Daisy, Picsou et Gontran viennent au monde sans aucun problème de griffes ; puisque ces volatiles ont déjà des ailes. Le dessinateur Floyd Gottfredson leur a offert des mains pleines de doigts, avec de fines plumes au bout des phalanges. Observez-les bien : il y a souvent un peu de duvet qui dépasse.

Pour les mêmes raisons, Mickey cache ses pattes antérieures sous de grosses chaussures jaunes ; alors que Donald et sa famille ne portent rien en bas. Seul Onc'Picsou arbore d'élégantes guêtres blanches qui laissent toutefois apparaître ses pieds palmés.

Ne riez pas : c'est la même histoire avec le célèbre tableau de Géricault, *Le Radeau de la méduse*. Les naufragés sont en haillons mais portent des chaussettes, car Géricault n'arrivait pas à peindre les pieds !

Géricault, Disney : même combat.

Jusqu'à preuve du contraire…

56

Pourquoi les avions laissent-ils une traînée blanche dans le ciel ?

Jamais engin mécanique aura laissé trace plus onirique. Les avions qui sillonnent notre ciel laissent de grandes traînées blanches, qui s'estompent peu à peu. On scrute en rêvant d'horizons lointains leur progression quand le ciel est bleu : deux – parfois quatre – sillons immaculés qui s'épaississent peu à peu, avant de disparaître. Parfois, ces lignes se croisent, dessinant de jolis motifs que les enfants s'amusent à interpréter. Les adultes s'interrogent : pourquoi cette blancheur immaculée ? Un gros-porteur consomme 10 à 13 tonnes de kérosène par heure, soit 3 litres par seconde ! Avec tous ces hydrocarbures brûlés, on devrait plutôt obtenir une traînée noir charbon, crasseuse comme sur les cheminées de paquebot ?

Non, car nous sommes en altitude. À près de 10 000 mètres, et la température descend en dessous des - 40 °C.

Le kérosène est un mélange d'hydrocarbures dont la formule a cette structure : CnH_2n+_2. Les plus petites molécules contiennent dix atomes de carbone ($C_{10}H_{22}$), les plus longues, quatorze atomes ($C_{14}H_{30}$). Après avoir été brûlées et éjectées des moteurs – c'est ce qui fait avancer l'avion –, ces molécules se combinent avec l'oxygène de l'air (O_2) pour donner du gaz carbonique (CO_2), et de l'eau (H_2O).

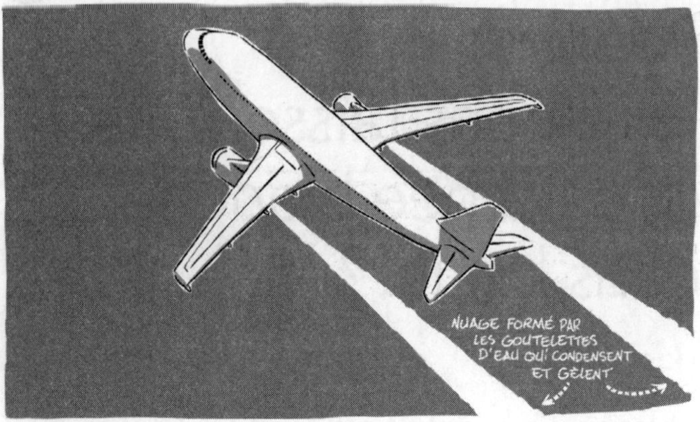

Aussi étrange que cela puisse paraître, parmi les gaz de combustion évacués, les réacteurs crachent donc de la vapeur d'eau. Cette vapeur, sous l'effet du brusque changement de température, se condense, devient liquide, puis gèle. Ce sont ces cristaux de glace, luisants au soleil, que l'on admire depuis le sol.

En route pour les Caraïbes !

Jusqu'à preuve du contraire…

57

Pourquoi les panneaux de STOP sont-ils octogonaux ?

Permis à points ou pas, tout le monde sait à quoi ressemble un panneau STOP. Au lieu d'être rond, comme les limitations de vitesse ou les joyeuses interdictions de stationner, il est octogonal, c'est-à-dire tout en angles, avec huit côtés. Pourquoi cette exception ?

Un routier au long cours m'a déjà rétorqué que c'est parce que les autres pays avaient eux aussi des panneaux de STOP octogonaux. Exact, mais incomplet. Depuis la conférence de Vienne, nous autres Européens avons certes uniformisé notre code de la route avec celui de nos cousins d'outre-Atlantique : les États-Unis et le Canada. Mais alors deuxième question : pourquoi, eux, avaient-ils choisi cette forme géométrique ?

À cause de la neige, du givre, et du bon sens. Dans les contrées froides, la gelée empêche souvent de lire ce qui est écrit sur les panneaux. Sauf si le panneau présente une forme particulière, et unique. Car les conducteurs sauront ce qu'il signifie sans même avoir à déchiffrer ses inscriptions.

STOP !

L'explication s'arrête là.

Jusqu'à preuve du contraire…

58

Pourquoi les femmes sont-elles plus bavardes que les hommes ?

« Alors, tu comprends, je suis entrée dans la boutique, et alors là, tu vois, je l'ai vue, et alors je me suis tout de suite dit, et blabla, et blabla... » Une bière à la main – tant qu'à être dans le cliché –, les maris s'interrogent : mais comment font-elles pour se raconter autant de choses ? Quel intérêt ? Elles passent des heures au téléphone, elles bavardent en toute occasion. Alors que les hommes semblent plus laconiques, répondant souvent par monosyllabes. Quand ils répondent. C'est un lieu commun mais il a du vrai : une femme qui a des problèmes en parle avec ses amies, un homme qui a des problèmes se mure dans le silence.

Vision sexiste ? Raccourci erroné ? De tous bords, des voix s'élèvent, mêlant aux questions scientifiques des commentaires teintés de revendications diverses et variées. Interdiction de faire des différences ! Frivolité manifeste !

Mais, heureusement, ce débat qui fait rage a trouvé un éclairage grâce à une étude scientifique menée à l'université de Yale par le professeur Sally Shaywitz.

Les femmes, lorsqu'elles parlent, utilisent les deux hémisphères de leur cerveau, alors que les hommes n'en utilisent qu'un seul. Cela ne signifie pas pour autant que les femmes

CERVEAUX EN COUPE
LORS D'UNE ACTIVITÉ LANGAGIÈRE

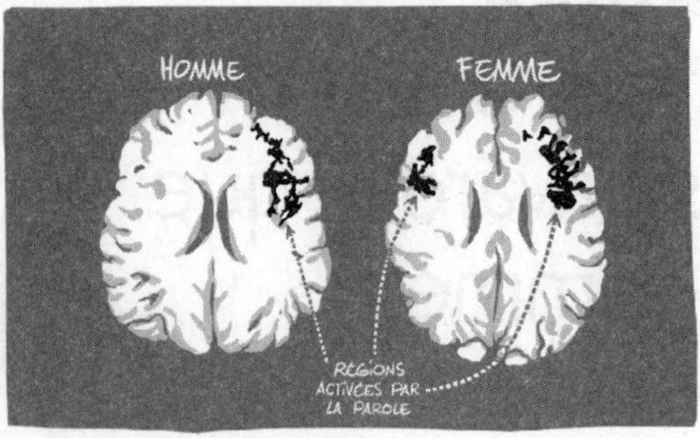

SOURCE : UNIVERSITÉ DE YALE (USA)

aient besoin de davantage mobiliser leur matière grise pour parler, mais plutôt qu'elles activent la zone liée aux émotions : elles les verbalisent plus. On pense à la réplique d'Anna Karina dans *Pierrot le Fou*, le chef-d'œuvre de Godard, quand elle rétorque à Belmondo : « Tu me parles avec des mots et moi, je te réponds avec des sentiments. »

Pour aller plus loin, il faut chercher l'explication de ce phénomène. Il est lié au fait que pendant la grossesse, les œstrogènes baignent plus le cerveau des filles (normal), or, cette hormone favorise les connexions neuronales. D'ailleurs, même avant la naissance, les fœtus de filles font plus de mouvements de lèvres que les garçons…

Alors, oui, les femmes parlent davantage que les hommes, tout simplement parce qu'elles ont objectivement plus de choses à dire !

Messieurs, vous trouvez que les femmes parlent trop ? Écoutez la philosophe Anasuya Sengupta, militante féministe en Inde : « Bien trop de femmes, dans bien trop de pays, parlent la même langue : le silence. »

Jusqu'à preuve du contraire…

59

Pourquoi la fusée Ariane décolle-t-elle de Kourou ?

Vous le savez comme moi. Le pas de tir de la fusée européenne se situe à Kourou, en Guyane. Pourquoi là-bas, et pas ailleurs ?

Vous allez me dire : parce que la Guyane est française et qu'Ariane est européenne. D'accord, mais Londres et Munich aussi, c'est en Europe.

Deuxième explication : parce qu'à Kourou, le climat est doux. D'accord. Mais à Séville aussi il fait bon en février. Parce qu'il y a peu d'habitations ? Certes. Mais dans le Larzac, vous croyez qu'on se marche sur les pieds ?

Bref, pourquoi être allé aussi loin ? C'est pas la porte à côté, la Guyane, il faut bien compter huit mille kilomètres depuis Paris, sans compter la bretelle d'accès au périphérique. Eh bien, c'est paradoxalement en s'installant près de l'équateur qu'on fait des économies. Mais pas celles qu'on croit.

La plupart des satellites lancés de nos jours sont géostationnaires, c'est-à-dire qu'ils restent à la même place au-dessus de la terre, au-dessus de l'équateur exactement. Or, une base de lancement proche de l'équateur permet l'envoi direct de satellites situés quasiment dans le plan de l'équateur.

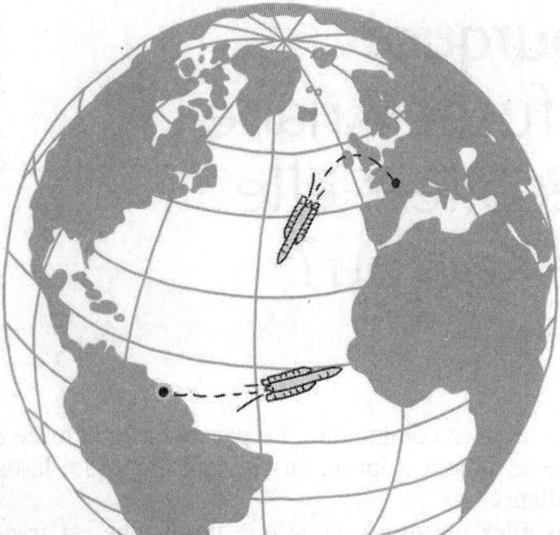

Kourou n'est qu'à 5° de l'équateur, ce qui occasionne une diminution des performances de seulement 1 % d'énergie par rapport à la situation idéale. À titre de comparaison, Cap Canaveral, qui se trouve à 28° fait perdre 27 % de rendement aux Américains. Et la base russe de Baïkonour, située à 46°, leur coûte 55 % de déficit énergétique ; 55 % de pertes, c'est ce que nous aurions nous aussi subi si nous avions lancé Ariane depuis Aix-en-Provence par exemple. Profitons-en. On ne fait pas tous les jours mieux que les Russes et les Américains.

Jusqu'à preuve du contraire…

60

Pourquoi le veau est-il une viande blanche et le bœuf une viande rouge ?

Vous vous êtes cent fois posé la question chez le boucher : vous achetez des escalopes de veau, c'est de la viande blanche; vous commandez un rosbif, c'est de la viande rouge ! Imparable. Pourtant, il s'agit bel et bien de la même espèce. Alors, pourquoi le veau donne de la viande blanche et le bœuf de la viande rouge ?

Serait-ce que le bœuf a couru plus que le veau ? Que le veau a moins vu le soleil ? Hum, mieux vaut chercher ailleurs…

Question d'alimentation. Pas la vôtre. Celle du quadrupède. Vous savez que la viande que l'on mange s'apparente au cerveau de Sylvester Stallone : en fait, c'est du muscle. La viande dite « de bœuf » provient des bœufs, des taureaux ou des vaches. Ce sont des ruminants qui s'alimentent essentiellement d'herbe. Leur digestion est très longue; le fourrage reste des heures dans l'estomac jusqu'à ce qu'il soit complètement transformé en sels minéraux, en vitamines, en fer (bref, en ce qu'on appelle les nutriments). Pour être précis, l'opération se déroule dans le rumen, le nom savant de la panse. Ensuite seulement, ces nutriments passent dans le sang.

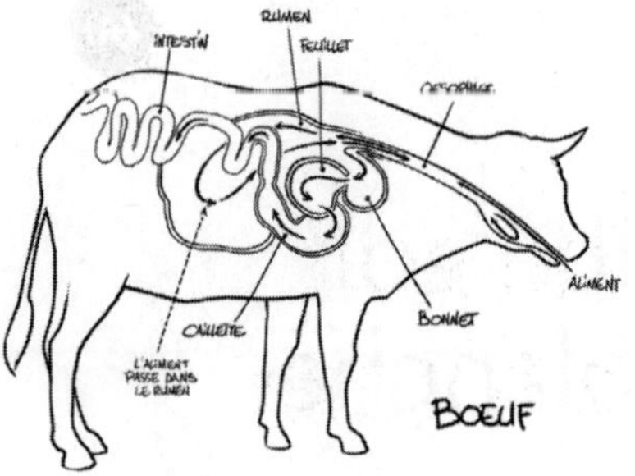

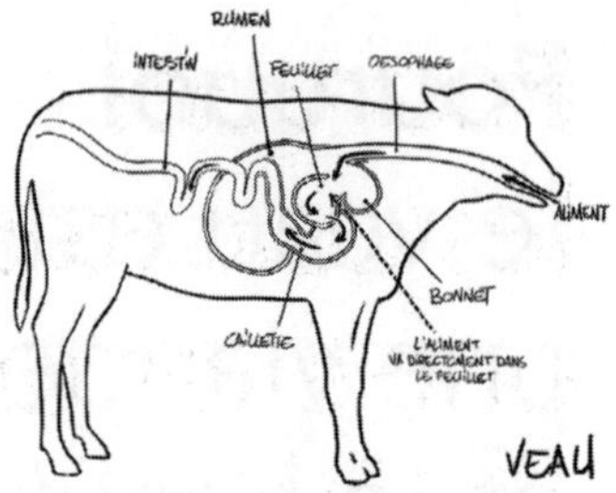

Là, dans les vaisseaux, un pigment particulier se charge de véhiculer l'oxygène vers les cellules, notamment les cellules musculaires : l'hémoglobine, bien connue des bouchers et des cinéastes. Dans les muscles, une protéine très voisine de l'hémoglobine, la myoglobine, reçoit cet oxygène et le met en réserve. Or, il se trouve que l'hémoglobine et la myoglobine sont rouges. Je dirais même « rouge sang ».

Revenons-en à notre bœuf : plus celui-ci mange d'herbe, plus son sang est riche en hémoglobine, et plus ses muscles sont riches en myoglobine. Par conséquent, puisque l'hémoglobine et la myoglobine sont rouges, plus les muscles sont rouges. Et plus sa viande est rouge.

Le veau, lui, est bien trop jeune pour ça. Ce bébé boude encore l'herbe. Il boit seulement du lait au pis de sa vache de mère. Du coup, il ne rumine pas. Ce qu'il a ingéré passe très vite dans le sang, et celui-ci est extrêmement pauvre en hémoglobine. Du coup, ses muscles sont pauvres en myoglobine. Voilà pourquoi la viande de veau est blanche.

Et le blanc de poulet ? C'est pareil, mais c'est différent. Jusqu'à preuve du contraire…

61

Pourquoi les culottes de golf ont-elles une forme spéciale ?

Vous savez tous à quoi ressemble une culotte de golf : Tintin ne porte que ça. C'est une sorte de pantalon, généralement beige, fermé à la hauteur du mollet par un élastique qui le colle à la chaussette. Ce n'est pas spécialement élégant, alors pourquoi cette forme dite « bouffante » ?

Première remarque : le golf est un sport de plein air. Quand il pleut, les *greens* regorgent de gadoue. Donc si les pantalons remontent si haut près du genou, c'est simplement pour ne pas les salir en bas.

Va pour la hauteur. Mais pourquoi la toile du pantalon est-elle plaquée à la chaussette ? Cette deuxième explication est beaucoup plus perverse.

C'est que les golfeurs ne sont pas tous des *gentlemen*.

Quelquefois, ils trichent. (Rappelez-vous : le méchant Goldfinger a fait le coup au gentil James Bond.)

Exemple de tricherie : après avoir tiré – et raté – son coup, le golfeur malhonnête marche vers l'endroit où il aurait aimé que sa balle se trouve. Comme tous les golfeurs, il a sur lui une ou plusieurs balles. À l'aide d'une poche préalablement trouée, rien de plus facile que de faire glisser une balle à l'intérieur de son pantalon, pour la retrouver ensuite à ses pieds dans l'herbe sans que personne ne remarque rien.

Avec une culotte bouffante, au contraire, pas de triche-rie possible. La balle resterait coincée par l'élastique au niveau du mollet.

Il y a une justice.

Jusqu'à preuve du contraire…

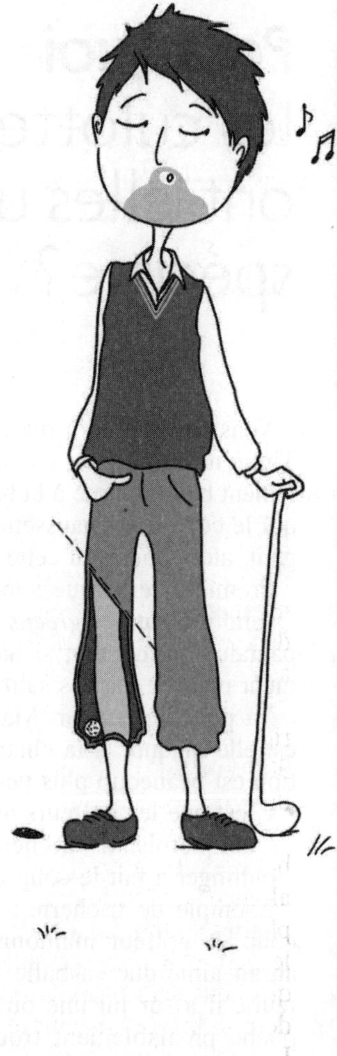

62

Pourquoi la baguette de pain n'existe-t-elle qu'en France ?

Vous connaissez le cliché : dans les films américains, le Français est coiffé d'un béret et affublé d'une baguette de pain sous le bras. Oublions le béret, qu'on ne voit plus que dans les défilés de mode pour faire «peuple» (paradoxalement, là où le peuple n'est jamais invité). Reste la baguette, trésor français unique au monde, croustillante à l'extérieur et moelleuse à l'intérieur, longue et menue, blonde et dorée, délicieuse le matin tartinée de beurre frais et de miel, canaille au casse-croûte avec un verre de... mais je m'emballe...

Bref, vous connaissez la baguette, qui ne ressemble en rien aux pains tels qu'on les cuit depuis le néolithique, 30000 avant notre ère, aliment de base de tant de sociétés dans le monde.

En France, le pain s'est longtemps présenté sous forme de boule ou de miche avant de se développer sous une forme allongée qui préfigurait la baguette. Il a été dit que la forme phallique doit son origine à Napoléon, qui souhaitait que le pain soit plus facilement transportable par ses soldats, qui pouvaient alors le conserver dans leur poche, le long de leur pantalon. Une explication proche de la légende. La vérité, plus pragmatique, touche directement au portefeuille. Et à l'horloge.

L'origine de la baguette remonte aux années 1830-1840 avec l'introduction en France du pain viennois (en 1839, l'Autrichien August Zang fonde à Paris rue Richelieu la Boulangerie Viennoise, qui donnera son nom aux *viennoiseries*). Ce pain était allongé et conçu à partir de levure de bière – et non de levain – additionné de lait. Rapidement, ce pain blanc séduit les Parisiens, mais il reste une denrée rare, d'aristocrate aussi car il se conserve mal.

C'est après la Grande Guerre, dans les années 1920, que va naître la baguette moderne. On connaît depuis Courteline la spécialité française d'inventer des règlements uniques au monde et on ne va pas être déçu. À cette époque, une nouvelle loi interdit aux boulangers de travailler avant quatre heures du matin, ce qui ne leur laisse plus le temps de préparer la traditionnelle boule de pain. Or, la baguette nécessite beaucoup moins de temps de pétrissage, de levage et de cuisson. Pour faire baisser son prix, les boulangers suppriment au passage le lait des ingrédients.

Légère, plus croustillante que dans sa version « viennoise », la baguette se conserve toujours mal. Paradoxalement, c'est tout bénef pour le commerçant qui voit désormais sa clientèle venir se ravitailler chaque jour en pain. Travailler moins tôt pour gagner plus : une belle promesse électorale, non ?

Jusqu'à preuve du contraire…

63

Pourquoi cogne-t-on les verres pour trinquer ?

Vous appréciez comme moi ce rituel cordial. On approche nos verres : « tching », ça fait un joli bruit, et hop ! on rince les dents du fond.

Mais, pris de remords, le buveur s'interroge : pourquoi cogne-t-on les verres, au fait ? Pour vérif'hips !.. pour vérifier qu'ils sont solides ?

Pas du tout. Mieux aurait valu faire le test avant de servir ce bourbon millésimé. D'ailleurs, la coutume nous arrive du Moyen Âge, où les verres n'étaient même pas en verre. Il s'agissait de timbales en bois ou en métal.

Au Moyen Âge donc, les mœurs étaient rudes. On assassinait son voisin et ses cousins pour un oui pour un non, surtout pour un non, d'ailleurs. Comment ? Tous les moyens étaient bons.

Le plus discret était « le coup de l'apéro » : on invitait la victime à boire une *p'tite eau-de-vie qu'vous m'en direz des nouvelles*, on versait dans sa timbale un soupçon d'arsenic (ou tout autre élixir équivalent), et le tour était joué – ou plutôt : le fâcheux était occis.

Heureusement, les preux chevaliers, et même les pas preux, ont fini par trouver une parade pour éviter l'empoisonnement.

Mieux qu'un antidote. Quand vous invitiez quelqu'un à boire un coup, votre « ami » vous versait une lichette du contenu de son propre verre dans le vôtre. Et réciproquement. Ainsi, si votre belle-sœur avait décidé de vous expédier dans l'autre monde, la méchante se retrouvait elle aussi du voyage.

Ça ne console pas, certes. Mais ça dissuade.

Le geste a traversé les siècles relativement intact. Aujourd'hui on entrechoque encore chaleureusement les verres, sans toutefois échanger les liquides. On voit par là que la confiance règne.

Jusqu'à preuve du contraire…

64

Pourquoi, dans le tableau *Le Radeau de la Méduse*, certains personnages ont-ils des chaussettes ?

C'est un des tableaux les plus connus du musée du Louvre et même de l'histoire de la peinture, réalisé par le peintre français Géricault entre 1818 et 1819. *Le Radeau de la Méduse* représente une scène tragique de l'histoire de la marine française. Le naufrage de la frégate *Méduse*, qui s'est échouée sur une côte de l'Afrique le 2 juillet 1816. À la suite de quoi, cent quarante-sept passagers ont été embarqués puis abandonnés à leur sort sur un radeau trop chargé, pratiquement sans vivres, et on les suspecte d'avoir pratiqué le cannibalisme. Seuls dix, finalement, ont survécu… L'artiste a peint les survivants à bout de forces, en haillons, hirsutes, émaciés. Ils lèvent désespérément les bras pour tenter de se faire remarquer d'un bateau que l'on imagine loin, trop loin.

Au premier plan, un malheureux est allongé sur le dos, complètement nu… sauf qu'il porte des chaussettes ! Il n'est pas le seul dans ce cas : les rares personnages du tableau dont on voit les pieds ont gardé eux aussi leurs chaussettes. Quel intérêt ? Dans quel but ? En plein été, au large de la Mauritanie actuelle, ce n'est certainement pas à cause des engelures.

Alors ? Oublions la peinture. Pensons au peintre. Théodore Géricault a réalisé de nombreux croquis préparatoires pour parfaire son immense chef-d'œuvre (à tous les sens du terme : 4,91 m × 7,16 m). Les études aux rayons X ont montré qu'il avait d'abord dessiné des pieds nus (ce qui est le bon sens même). Mais le résultat n'a pas été à la hauteur de ses ambitions. Après d'innombrables tentatives, il a fini par les recouvrir de chaussettes ! Ce n'est pas faute d'avoir essayé. Ce perfectionniste a passé de nombreuses heures à s'exercer. Il était même allé chercher à la morgue des membres humains pour les dessiner ; oui, à la morgue. La fin justifie les moignons.

Ne vous moquez pas de Géricault. Plus près de nous, les créateurs de la BD *Lanfeust* placent souvent leurs personnages dans des herbes hautes, pour ne pas avoir à dessiner leurs pieds.

Jusqu'à preuve du contraire…

65

Pourquoi les médecins nous tapent-ils dans le dos ?

Vous le subissez chaque fois que vous allez chez le docteur pour ne pas jouer au docteur. Lui non plus ne joue pas. D'une main experte, il tapote dans votre dos. Fermement mais délicatement, comme une grand-mère texane essaie patiemment de faire couler le ketchup de la bouteille. (Elle est fatiguée, la grand-mère, mais elle sait surtout que rien ne sert de brusquer les éléments.)

Pourquoi ce geste ? Le médecin voudrait-il éprouver la solidité de votre colonne vertébrale ?

Non et non. Non parce que ce n'est pas une question de solidité. Non parce que la colonne vertébrale n'est pas en jeu.

Voici l'histoire de cette pratique médicale. Elle n'a de rapport ni avec le Texas, ni avec le ketchup ; pardon de vous avoir égaré.

En 1754, un médecin viennois, Leopold Auenbrugger, découvrit qu'en frappant le thorax du patient, il pouvait diagnostiquer certaines lésions des poumons. D'où lui est venue cette intuition ? De son père.

Un médecin ? Non, un tavernier. Papa Auenbrugger tenait une brasserie à Craz, en Autriche.

Le brave homme avait coutume de jauger la quantité de vin qui restait dans ses tonneaux en frappant dessus ; le son creux indiquant la présence d'air et le son plein celle de vin.

À son tour, Auenbrugger-fils tapota le dos de ses patients, ses fûts. Grâce à quoi, il sut déceler des lésions dans la cavité pulmonaire (tumeurs solides ou monaires, lesquels sont remplis d'air. Et le tissu pulmonaire lui-même contient de l'air.

Faites-en vous-même l'expérience : tel un bidon de lait, vous obtiendrez un son plus « creux » en cognant au-dessus du poumon rempli d'air, et un son plus « plat » à un endroit où la poitrine renferme des parties plus solides comme les muscles ou les os.

Pof ! pof ! pof ! Pendant sept ans, Auenbrugger expérimenta cette nouvelle méthode sur ses patients. En 1761, il en exposa les résultats à l'ensemble de la profession médicale dans un recueil passé depuis à la postérité. Je veux parler du fameux *Une nouvelle invention pour détecter par percussion*.

Aujourd'hui, le praticien peut ainsi déceler la pleurésie (le son est plus mat qu'à l'accoutumée), ou le pneumothorax (on parle alors d'hypersonorité, le poumon contient trop d'air). D'un autre côté, ou plutôt de l'autre côté, des percussions sur l'abdomen révèlent parfois l'existence d'une occlusion intestinale.

Appelés familièrement « mini-rayons X » par les médecins américains, ces tapotements sont l'une des meilleures façons d'obtenir des informations sur notre état de santé. En tout cas la plus économique. Un proverbe bantou la résume : « Plus le tonneau est vide, plus il fait du bruit. »

C'est comme la tête.

Jusqu'à preuve du contraire…

66

Pourquoi ne voit-on pas les Alpes sur le vol Paris-Nice ?

Vous l'avez peut-être déjà empruntée, la liaison de Paris à Nice est la ligne aérienne la plus fréquentée de France avec 3,5 millions de passagers par an, devant Paris-Toulouse et Paris-Marseille.

Quand on fait le trajet Nice-Paris, on survole les Alpes, le Mont-Blanc, c'est absolument magnifique. En revanche, pour Paris-Nice, on survole la campagne, pas un bout de montagne à l'horizon, on ne voit que la campagne. Pourquoi ?

C'est qu'en avion, la ligne droite n'est pas toujours le plus court chemin pour aller d'un point à un autre, contrairement à ce que l'on pense. Parce que d'autres éléments entrent en ligne de compte, comme la rotondité de la terre, et le fait qu'il faut s'aligner sur la piste. Les avions ne descendent pas sur un aéroport dans n'importe quel sens, telles des mouches sur le miel. Règle de base : on décolle et on se pose face au vent. À Nice, généralement, on se pose face à l'est, c'est-à-dire que l'on doit survoler Antibes. Si on vient par la route des Alpes, on est obligé de tourner à droite et d'aller chercher son cheminement. Du coup, si le pilote survolait les Alpes en allant vers Nice, il devrait retarder sa descente et descendre « cul par-dessus tête », ce qui n'est guère confortable. Mieux vaut arriver par l'ouest, par Montélimar, et commencer à descendre beaucoup plus tôt.

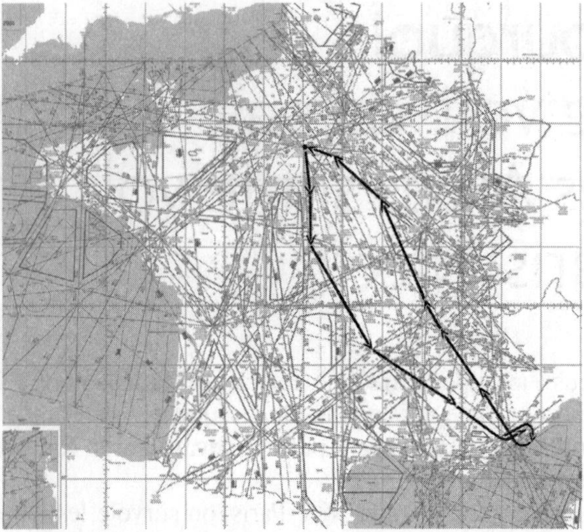

Voilà pourquoi on n'emprunte pas la route des Alpes quand on descend sur Nice. Un avion ne tourne pas non plus comme votre voiture. Quand un gros-porteur prend un virage à très haute altitude et à grande vitesse, il lui faut à peu près huit kilomètres pour se retrouver à 90 degrés. En vitesse d'approche de la piste, plus lente, on peut réduire à un ou deux kilomètres.

Résumons. En descendant vers Nice, on voit Clermont-Ferrand et Montélimar, et en remontant Grenoble et Dijon. Évidemment, ce trajet idéal peut être modifié par le contrôle aérien en fonction du trafic. Mais si on voit le jet d'eau du lac de Genève, c'est qu'on est perdu !

Jusqu'à preuve du contraire…

67

Pourquoi, au théâtre, y a-t-il le côté cour et le côté jardin ?

Vous connaissez cette paire de magnifiques expressions. Vous croyez même vous souvenir que le côté cour, c'est le côté qui se trouve à gauche de l'acteur quand il regarde le public, et le côté jardin, c'est l'autre : le côté qui se trouve à sa droite. Et vous avez raison.

Mais de quel auteur génial viennent ces dénominations fleuries ? Eschyle ? Shakespeare ? Michel Leeb ?

Beaumarchais. Sans qu'il n'y soit pour rien.

Nous sommes en 1784, à Paris, où des acteurs répètent *Le Mariage de Figaro*. Ces acteurs, ce sont les sociétaires de la Comédie-Française. Suite à des problèmes de place, l'intendance les a provisoirement installés aux Tuileries dans la salle des machines. L'endroit fait face à la Seine. Quand les acteurs regardent le fleuve, ils ont à leur gauche la cour du Palais des Tuileries, et à leur droite, un jardin qui s'étend à l'époque jusqu'à la place de la Concorde. Ils ont donc à leur gauche le côté « cour », et à leur droite le côté « jardin ».

Présentée pour la première fois au public, la pièce connut un triomphe. Et le binôme cour/jardin a lui aussi brûlé les planches. Mais au fait, à quoi servaient ces appellations ?

Pendant le spectacle, à rien.

Mais auparavant, lors des répétitions, elles devinrent indispensables. Et elles le sont toujours.

Par exemple, quand le metteur en scène demande à une actrice de se décaler vers la gauche, celle-ci s'interroge : vers la gauche du metteur en scène, ou vers ma gauche à moi ? En revanche, si le metteur en scène lui demande de se décaler côté jardin, autrement dit vers sa gauche à lui, la comédienne comprend aussitôt qu'elle doit faire deux pas sur sa droite à elle. Logique.

Ainsi, que l'on se trouve sur scène ou dans la salle, on n'a plus besoin de s'orienter pour s'orienter. « Bâbord » et « tribord » rendent des services similaires sur un bateau.

Bon. C'est bien joli, tout ça, mais beaucoup ont déjà oublié où étaient le côté « cour » et le côté « jardin ». Voici un moyen mnémotechnique. Quand vous êtes du côté du public – il faut toujours se mettre à la place du public, c'est la clef du succès –, pensez à Jésus-Christ.

« J.-C. » pour les intimes.

Observez ses initiales. À gauche : *J* comme jardin. À droite : *C* comme cour.

Si vous êtes sur scène, revenez à votre place. Ça énerve tout le monde.

Jusqu'à preuve du contraire…

68

Pourquoi les grenouilles clignent-elles autant des yeux ?

« Eh, toi ! Qui tu es, toi ? » Vous connaissez l'histoire de la grenouille à la grande bouche ? Il faudra que je vous la raconte un jour…

En tout cas, non seulement elles ont la bouche souvent imposante, mais aussi les grenouilles ont de gros yeux globuleux qu'elles ne cessent de faire cligner. À croire qu'elles ont en permanence une poussière dans l'œil ! Posées sur leur feuille de nénuphar, elles ferment leurs paupières avec application. Image d'Épinal ? Pas du tout ! Stricte observation, validée par la science.

Car les grenouilles ont une bonne raison de cligner des yeux…

La grenouille cligne des yeux… parce que cela lui permet d'avaler ! Eh oui, elle n'a ni un palais solide comme celui des mammifères, ni muscles dans le larynx. Pour faire passer les aliments par son œsophage,

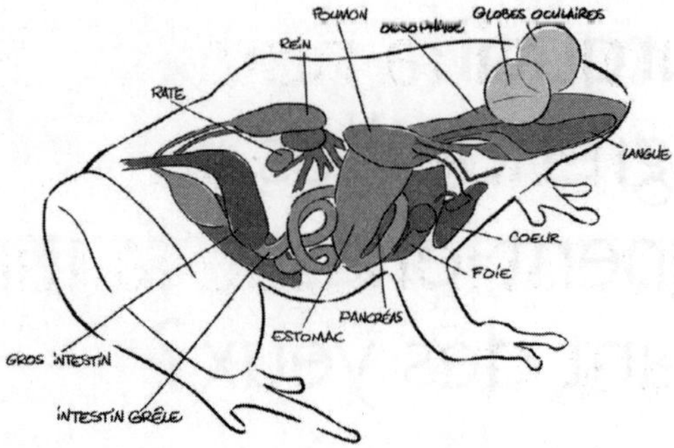

elle a donc une autre technique : pousser dessus. Quand elle ferme les yeux, ses globes oculaires s'enfoncent et viennent appuyer sur son œsophage, pressant ce qui s'y trouve vers son estomac.

Ce n'est donc pas parce qu'elle a sommeil qu'elle cligne des yeux, mais bien parce qu'elle a faim. C'est vraiment ce qu'on appelle avoir les yeux plus gros que le ventre.

Jusqu'à preuve du contraire…

69

Pourquoi la nuit, en voiture, a-t-on l'impression que la lune nous suit ?

Avec La Rochefoucauld, vous l'avez observé : le soleil ni la mort ne peuvent se regarder fixement. Tandis que la lune, si. Surtout en voiture, la nuit, quand aucun paysage ne distrait.

Imaginez le conducteur d'une voiture qui a la lune face à lui, haut dans le ciel. À mesure qu'il roule, elle l'accompagne. Il ne la rattrape jamais, ni ne la distance. La lune reste là, suivant la même orientation, glissant entre les arbres et les vallons. Elle semble si proche. Cela s'explique évidemment par sa taille gigantesque, mais aussi par le fait qu'il n'y a rien dans le ciel alentour à quoi la comparer.

Les objets proches de la chaussée (un panneau de signalisation, un camion garé sur le bas-côté) semblent fuser près de lui comme une traînée. Plus loin, sur la colline, le majestueux château passe plus lentement.

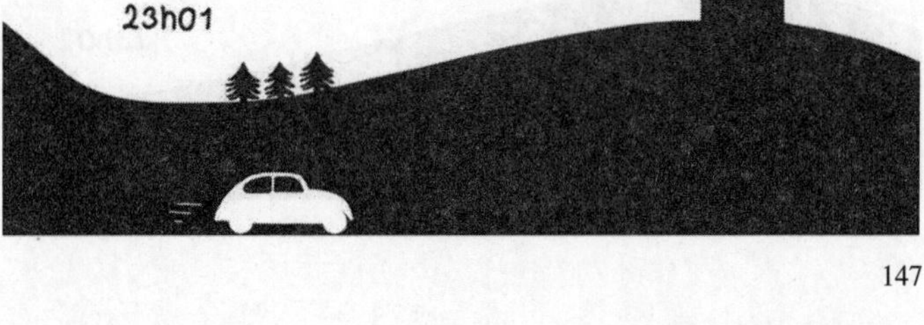

Au loin à l'horizon, le conducteur peut distinguer les hautes montagnes qui restent immobiles. À moins que le veinard ne parte au ski, sur des centaines de kilomètres. Dans ce cas, les sommets ne semblent plus infranchissables ; on finit toujours par passer de l'autre côté.

Quel rapport avec la lune ? C'est que la lune se présente à notre regard comme un immense monticule situé très loin de nous. Cette grosse outre de 3 500 kilomètres de diamètre vit sa vie à plus 384 000 km de la terre.

Elle roule vite, cette voiture ! 120 au compteur…

Voyez la différence avec l'illustration de la page précédente. Le château a changé de place, l'automobiliste l'a laissé derrière lui. Mais en progressant de plus de deux kilomètres, l'angle que fait la lune avec la route n'a quasiment pas varié (comparez 2 à 384 000), ce qui donne au conducteur l'impression de n'avoir pas bougé par rapport à elle. Or il sait bien que sa voiture avance, puisqu'il a le pied sur l'accélérateur. Il en déduit donc que la lune avance avec lui. CQFD.

Ce phénomène optique s'appelle la parallaxe. Les astronomes l'ont apprivoisé et s'en servent justement pour déterminer les très grandes distances.

Coluche disait : « Je connais un mec tellement petit, que la première fois que je l'ai vu, j'ai cru qu'il était loin. »

La lune, c'est le contraire.

Jusqu'à preuve du contraire…

70

Pourquoi avons-nous des cernes ?

Ah, les lendemains de fiesta ! Le mal de crâne, le casque à pointe, la bouche pâteuse – au moins tout cela n'est pas visible par les autres. Restent les cernes bleuâtres qui, là, pour le coup, nous désignent comme des noceurs invétérés, avec notre tête de panda (souvenez-vous de Philippe Séguin). Le pire, c'est qu'il arrive même que nous en ayons sans mener une vie de patachon ! Injustice de la nature. Après un mois de vacances, trois nuits plus courtes suffisent à faire réapparaître le voile gris. Argh ! Malgré les rondelles de concombre et les crèmes de nuit, impossible de s'en débarrasser. Comme disait Renaud en voyant ses yeux le matin dans le miroir de la salle de bains : rendez-vous, vous êtes cernés !

Mais à quoi est-ce donc dû ? Au fait que nos yeux ne sont pas fermés assez longtemps, puisque nous ne dormons pas assez ?

Les cernes sont générés par une mauvaise circulation non seulement du sang, mais aussi de la lymphe. (La lymphe est un liquide jaunâtre de composition analogue à celle du plasma sanguin et qui circule dans des vaisseaux qui lui sont propres. Elle contient des globules blancs, mais pas de globules rouges ; elle est plus pauvre en nutriments que le sang mais plus riche en déchets.) En cas de grosse fatigue,

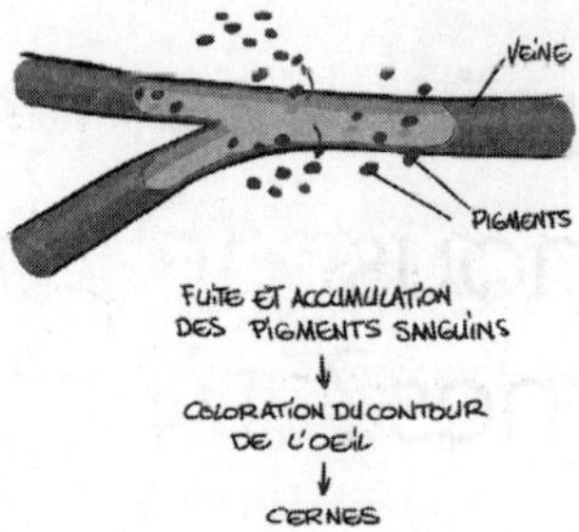

les pigments sanguins ne sont plus entraînés et ils stagnent notamment dans la zone des paupières, supérieures et inférieures, et sous les yeux ; des zones où la peau est très fine (entre 0,05 et 0,1 mm). Ils apparaissent donc en transparence et sont du plus mauvais effet (N.B. : sur notre image, la veine est « ouverte » artificiellement par souci de clarté). Pour atténuer les cernes, il faut donc rétablir la circulation… ou les cacher avec du maquillage.

Les cernes ne sont pas uniquement dus au manque de sommeil, mais peuvent également être d'origine héréditaire, ou encore liés à une mauvaise hygiène de vie (excès d'alcool, de tabac…). Tout ce qui gêne la circulation peut avoir cet effet. Un truc de grand-mère pour aider à leur disparition : effectuer des massages du contour de l'œil le soir au coucher et le matin au réveil, de manière à stimuler manuellement la circulation des fluides. Pour ne plus avoir, comme disaient les anciens, les « yeux au milieu de la figure ».

Jusqu'à preuve du contraire…

71

Pourquoi les vautours n'ont-ils pas de plumes autour du cou ?

Rappelez-vous les sinistres vautours, battant sournoisement des ailes depuis les westerns sans spaghetti jusqu'aux épisodes désertiques de *Lucky Luke* ; ces charognards qui se repaissent d'animaux morts, plongeant dans les carcasses ; leurs mouvements secs, leur regard avide. Mais surtout leur cou. Un cou nu, long et noueux comme une nuque de croque-mort, sans plumage, ni ramage, prêt à expédier la tête de l'oiseau dans les recoins de chair putride. Pas une plume n'y pousse. Pour quelle raison ?

Avant toute réponse, permettez-moi d'ouvrir une parenthèse. (

Voilà. Je laisserai volontairement à l'écart le majestueux gypaète barbu, cher à Vialatte. *Gypaëtus barbatus* ne se contente pas de sa condition de charognard et n'hésite pas à s'attaquer à des animaux vivants, de grande taille parfois, tels que les serpents, les tortues, les lièvres, les lapins, et même à de jeunes gazelles. Là n'est pas le moindre de ses mystères, puisque le gypaète barbu doit son nom au toupet hirsute qui lui recouvre le menton à la manière d'une barbe, ainsi qu'à son cou richement fourni, orné de longues plumes lancéolées. Il est donc aujourd'hui hors sujet.

) Parenthèse fermée, nous ne chanterons ici que le roi des vautours, le vautour royal (*Sarcoramphus papa*) qui vit sur le continent américain. C'est le plus célèbre. Le plus photogénique. Le plus craint aussi. Pas seulement par les *cowboys* égarés sans gourde dans la Vallée de la Mort. À l'approche du vautour royal, les autres espèces réunies autour d'un bon gros cadavre s'éloignent prudemment. Ses rivaux le repèrent de loin : le bec est crochu, la queue noire, le collier touffu et grisâtre. Le cou, comme le jabot, est nu, avec juste quelques excroissances de chair.

Pourquoi cette nudité locale ?

Certainement pas pour faire peur ; dans le monde animal, ce sont au contraire les plumes et les poils qui peuvent effrayer l'adversaire par leur taille imposante. Pour tenir la bête au frais ? Mais dans ce cas, le corps entier du vautour serait déplumé…

Alors ? Il s'agit en fait d'un motif d'hygiène. Le vautour royal adore plonger la tête sous la viande. S'il avait des plumes dans le cou, elles ne tarderaient pas à abriter toutes sortes de parasites : des vers à viande ou des insectes, tout ce qu'on peut rencontrer comme sales bestioles dans des abats sanguinolents. D'où des risques de maladies supplémentaires. La sélection naturelle a fait œuvre de salubrité.

En dépit des apparences, le vautour n'a rien d'un parasite nuisible. Ce falconidé (sous-embranchement des gnathostomes) empêche, par son appétit, la pourriture d'énormes quantités de substances organiques, évitant à l'homme, sous des climats chauds et humides, de terribles épidémies. Qui d'autre se délecterait de viscères en état de décomposition avancée ?

Un foie, deux reins, trois raisons d'aimer le vautour. Jusqu'à preuve du contraire…

72

Pourquoi les moteurs Diesel font-ils plus de bruit que les moteurs essence ?

Crrr, crrr, crrr… On ne peut pas le rater, le ronflement du moteur Diesel est un des bruits les plus caractéristiques, de ceux que l'on reconnaît entre mille. C'est celui des taxis Peugeot et des camions de livraisons, du ferry pour aller en Angleterre, des cars inconfortables des colonies de vacances… Mais si, vous savez, ce bruit de crécelle mécanique, même pas sourd, d'autant plus désagréable que le moteur est en sous-régime ! Sans oublier l'odeur, à rendre malade n'importe quel enfant sur la route des vacances… Alors que les voitures à essence n'ont jamais présenté de tels inconvénients.

Serait-ce parce que les moteurs sont plus puissants ? Après tout, on les utilise pour les bateaux et les camions… Ou encore qu'ils sont plus rudimentaires ?

En fait, c'est lié à une différence de conception…

Comme on peut le constater ci-dessus, il manque une pièce par rapport au moteur essence : allez, jouons au jeu des sept erreurs… En fait, il y en a une principale : dans le moteur Diesel, pas d'étincelle pour allumer le combustible et le faire exploser. C'est la pression seule qui va amener à l'explosion du gazole. Pour arriver à cela, il faut comprimer l'air à 35 bars (contre 8 à 12 pour un moteur essence)

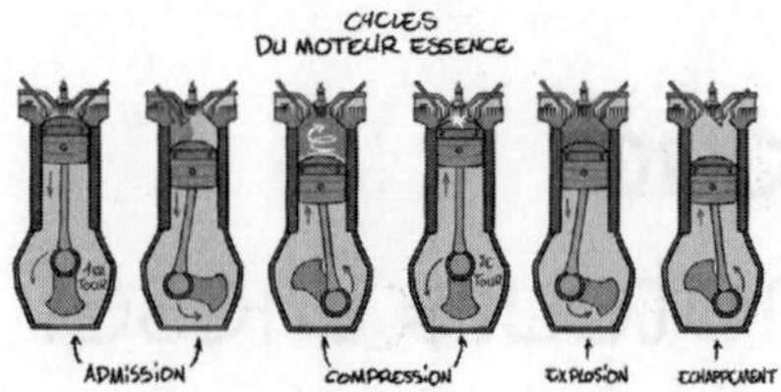

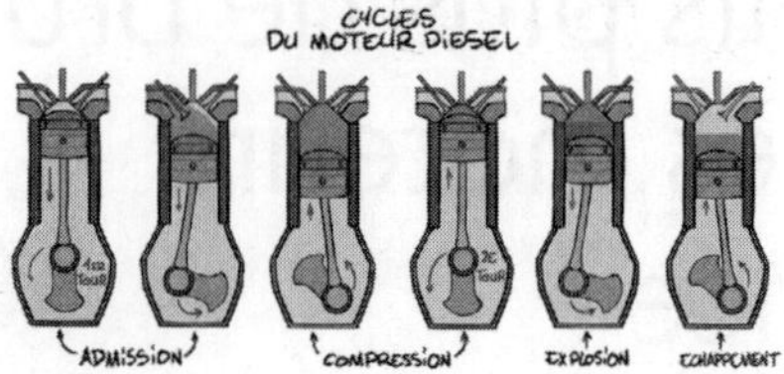

pour monter à une température comprise entre 600 et 1 500 °C. L'explosion se produit à l'injection du carburant. Elle est brutale, davantage que dans un moteur essence, ce qui cause le claquement que nous reconnaissons tous : c'est l'onde de choc de l'explosion.

On appelle cela un moteur à autoallumage. Certes, les moteurs Diesel modernes, grâce à la turbo injection, sont moins bruyants. Les ingénieurs acousticiens font d'ailleurs beaucoup d'efforts pour rendre ce boucan supportable, en tout cas proche du moteur essence.

Il y a plus grave. En 2012, le Diesel a officiellement été reconnu comme « cancérogène » par l'OMS (l'Organisation mondiale de la santé), à cause des rejets de particules fines. Une décision qui n'a pas fini de faire du bruit.

Jusqu'à preuve du contraire…

73

Pourquoi le noir amincit-il la silhouette ?

Les magazines féminins vous le rabâchent à longueur de page. Je viens de le lire dans un antique *Jeune et jolie* ainsi que dans *Vieille et pas top* : le noir mincit. Toutes les femmes suivent le conseil, sauf les veuves qui n'ont plus goût à rien.

Mais, au fait, pourquoi le noir affine-t-il la silhouette ?

Le noir est une couleur que l'on qualifie d'absorbante. Il absorbe toutes les longueurs d'onde, autrement dit toutes les couleurs qui composent le spectre lumineux. On y voit moins bien dans une pièce aux murs noirs que dans une pièce aux murs blancs.

Lorsqu'une *top model* revêt sa petite robe noire fourreau de chez Alaïa, notre regard se fixe sur ce qu'il y a de plus voyant : son visage – parfait –, ses mains – impeccables –, ses escarpins – pointure 44. On en oublie sa silhouette. *Idem* si la robe est portée par sa meilleure copine qui toise vingt centimètres de moins, et accuse vingt kilos de plus sur la balance. Victoire ! Yeepee ! Alléluia ! Alaïa !

Il existe, en outre, un curieux effet d'optique que les scientifiques ont encore du mal à parfaitement justifier : le même objet semble plus petit en noir que dans n'importe quel autre coloris. Bien qu'il occupe théoriquement la même surface sur la rétine.

On peut vérifier très aisément ce prodige : il suffit de dessiner sur une feuille deux petits carrés de même taille que l'on entoure chacun d'un grand carré (les deux grands carrés étant aussi de taille identique). On reproduit ainsi deux fois le même dessin. Puis, on colorie l'un des deux carrés centraux en noir ; l'autre reste blanc. Le carré noir paraît alors plus petit que le carré blanc.

Inversement, le blanc présente un léger effet grossissant, car il est luminescent, c'est-à-dire qu'il réfléchit quasiment tout le spectre de la lumière.

Par conséquent, Madame, si vous vous trouvez trop squelettique, enfilez une robe blanche.

Vous ne le trouvez pas un peu maigre, le pape ?

Et les rayures horizontales, hein ? Pourquoi ça grossit ?

Et les rayures verticales, hein ? Pourquoi ça maigrit ?

Tournez la page, vous allez comprendre.

Jusqu'à preuve du contraire…

74

Pourquoi les rayures horizontales alourdissent-elles la silhouette (alors que les rayures verticales l'amincissent) ?

Inutile de vous faire un dessin (Cathy Karsenty est là pour ça), les rayures horizontales grossissent alors que les verticales affinent. C'est bien connu, et c'est pour cela que les bandes verticales détiennent aujourd'hui 97,58 % du marché de la rayure (maillots de sport exceptés).

Là, il ne s'agit pas d'une illusion d'optique. Les lignes horizontales favorisent simplement ce qu'on appelle la lecture horizontale ; alors que les verticales favorisent la lecture verticale.

Lecture horizontale ? Verticale ? Quoi qu'est-ce ?

Question de reconnaissance des formes.

Quand on regarde un croquis, ou une lettre, ou n'importe quel objet qui nous entoure, nous analysons inconsciemment sa forme générale. Comment ? C'est l'objet lui-même qui va guider notre analyse.

Je m'explique : un objet rayé horizontalement influence notre perception dans le sens où nous allons davantage prendre garde à ses côtés qu'à sa partie supérieure ou inférieure. Tout simplement parce que ses rayures guident la vision vers les côtés de l'objet, et ainsi occultent le haut et le bas.

Inversement, des rayures verticales, ou un texte écrit à la japonaise – du sommet à sa base –, poussent notre système oculaire à considérer l'objet dans sa hauteur.

Quand je dis « objet », je pourrais tout aussi bien dire « homme » ou « femme ». Résultat : une robe à rayures horizontales mettra davantage en valeur la rondeur des hanches qu'une robe à rayures verticales qui, elle, incitera notre regard à plonger sur des chaussures extravagantes.

Et une veste écossaise, à rayures croisées ? Ça complique tout.

Jusqu'à preuve du contraire…

75

Pourquoi les militaires se saluent-ils en mettant une main sur le front ?

Vous connaissez le salut militaire. Bon, c'est vrai, ils ont de l'allure, quand ils claquent des talons, se redressent, bombent un peu le torse et portent la main au front sans esquisser un sourire. Beaucoup plus d'allure que mon garagiste quand il soulève d'une main pleine de cambouis le bord de sa casquette en me tendant le coude… Mais, en fait, les gestes se ressemblent, non ? Peut-être parce que, comme à l'église, on ne doit pas garder un couvre-chef quand on salue ?

En fait, c'est plus prosaïque, et laïque, et… – je ne trouve plus de rimes en « -aïque » – que cela…

Au Moyen Âge, à l'époque des tournois où les chevaliers s'affrontaient, chacun sur son cheval, lance au poing, les belligérants portaient une armure et un heaume. Ce dernier était constitué d'une partie fixe qui protégeait la tête et d'une partie mobile qui se rabattait sur les yeux.

En tournoi, la courtoisie était de mise. Avant de s'élancer pour essayer d'embrocher son adversaire, on se saluait poliment. On se croisait donc une fois, sans combattre, en soulevant le heaume pour que chacun puisse voir le visage de l'autre. La moindre des choses avant de s'entretuer. Et on le faisait de la main droite, celle qui normalement tient la lance, pour bien montrer que l'on ne se battrait pas à ce passage. Donc, on ne se serrait pas la main non plus.

Puis le combat commençait, parfois jusqu'à la mort…

La politesse, ça va bien un moment.

Jusqu'à preuve du contraire…

76

Pourquoi y a-t-il autant de verriers à Murano ?

Ah, le cristal de Murano ! Rien que le mot fait rêver les amoureux du luxe et les antiquaires. Des verres, des miroirs, des lustres sublimes, des boules de cristal dont la réputation scintille sur la planète entière. Au cœur de la lagune, Murano est la visite obligée lorsque l'on séjourne à Venise. Un coup de vaporetto et nous voici sur l'île des verriers. Une boutique tous les cinq mètres ! Les bateaux déversent tous les jours des flots de touristes qui repartent avec leur petit flacon, leur coupe, leur verre à pied. De quoi vous dégoûter des RTT ! Voire du cristal. À croire que les artisans manquent d'imagination, pour s'être installés les uns sur les autres, plus d'une centaine, sur un îlot de seulement 1,17 km^2. Drôle d'idée. En fait, pas si drôle que ça…

Historiquement, bien avant la Renaissance italienne, les plus beaux verres d'Italie provenaient déjà de Venise, comme les montres de Suisse, et le Roquefort de Roquefort. Et si les verriers furent si nombreux à Murano, c'est qu'ils ont été chassés de la cité des Doges. À la fin du XIIe siècle, la plupart des maisons vénitiennes étaient en bois (pour plus de légèreté sur les pieux qui les supportaient). Or, l'activité des verriers et des souffleurs nécessitait des fours, de plus en plus imposants, pour obtenir une pâte de verre de plus en plus pure. Et le feu est l'ennemi du bois.

VENISE, XIIe siècle

En 1201, après une série d'incendies, le Sénat de Venise oblige par décret les verriers à aller s'installer à Murano. Cet exil a un autre avantage : une île est plus facile à contrôler. Car si les verriers étaient dangereux, ils étaient également précieux : les secrets de fabrication du verre en fascinaient plus d'un et étaient jalousement protégés. Beaucoup d'ouvriers avaient interdiction de quitter l'île, dont les abords étaient surveillés, de jour comme de nuit.

Au XIIIe siècle, le savoir-faire de Murano était unique en Europe, et extrêmement convoité. Au point que le Sénat prit des mesures pour qu'aucun étranger ne perce les secrets de fabrication de ses manufactures. En 1275, une loi interdit l'exportation de verre brut, de verre cassé, et même des matériaux qui servent à l'élaborer.

Louis XIV en sut quelque chose. Le Roi-Soleil, jaloux de l'expertise des Vénitiens, avait réussi à faire venir des maîtres-artisans jusqu'à Versailles. La réplique de la République de Venise fut sanglante. Le Conseil des Dix paya des mercenaires pour aller en France tuer les traîtres avant qu'ils ne révèlent leurs techniques !

De quoi en refroidir plus d'un.

Jusqu'à preuve du contraire…

Pourquoi lève-t-on le pouce vers le haut pour dire que tout va bien ?

Vous le savez : quand on lève le pouce, cela signifie parfois qu'on fait de l'auto-stop, mais plus souvent que tout baigne.

Pourtant, il n'y a aucune raison objective à ce geste. Pourquoi « tout va bien » ne serait-il pas symbolisé par le pouce tourné vers la droite, ou par un mouvement du bras, ou n'importe quoi d'autre ?

Ce n'est pas la prévention routière, mais les Étrusques, puis les Romains, qui ont lancé la coutume cinq siècles avant notre ère. Aux jeux du cirque. Pour un gladiateur, le pouce tourné vers le haut depuis les tribunes de l'arène signifiait que sa vie serait épargnée. Un bonheur ineffable.

Les Égyptiens, eux, avaient mis au point un véritable langage du pouce dont les significations étaient proches du nôtre, mais avec infiniment plus de variantes.

Pourquoi ces civilisations avaient-elles choisi le pouce comme moyen de communication ?

Les historiens romains contemporains de Jules César ont donné les premiers une réponse à ce POURQUOI, et je ne les en remercierai jamais assez.

Ils avaient observé qu'à la naissance, le bébé tient généralement la main fermée avec le pouce replié à l'intérieur.

Au fur et à mesure qu'il grandit, le nourrisson réagit à son environnement en ouvrant progressivement la main, ce qui libère le pouce. Et comme pour boucler la boucle, la main se referme au moment de la mort, pour à nouveau tenir le pouce prisonnier.

Les Romains en avaient déduit que le pouce tourné vers le haut était signe de vie, et signal de mort dans le cas contraire. Allez, pouce : j'ai fini pour aujourd'hui.

Jusqu'à preuve du contraire…

78

Pourquoi le chardon est-il l'emblème de l'Écosse ?

Le chardon bleu sur fond blanc, les joueurs de l'équipe de France de rugby ont chaque année l'occasion de le voir. Et même parfois de se le prendre en pleine poire ! Outre-Manche se cultive la tradition d'avoir des plantes pour emblème : la rose pour l'Angleterre, le trèfle pour l'Irlande, le chardon pour l'Écosse… Il n'y a que le pays de Galles pour se démarquer : un dragon. Le chardon écossais se retrouve partout, jusque sur les armoiries royales – du temps où l'Écosse était un royaume indépendant.

Pourquoi une telle plante, pas spécialement valorisante ? Une mauvaise herbe, grisâtre et non comestible. Certains mauvais esprits avancent que c'est dans la poche, au moment de payer, que les Écossais ont un chardon…

Non, la raison en est beaucoup plus épique.

C'est une légende millénaire qui rapporte l'explication de cet emblème. Des assaillants vikings auraient voulu prendre d'assaut, de nuit, un château écossais. Ils seraient donc arrivés en catimini et, pour plus de discrétion encore, auraient retiré leurs chaussures. Manque de chance – ou signe du destin –, la place forte était environnée de chardons. Ils se piquèrent donc et leurs gémissements donnèrent l'alarme : les Écossais, réveillés, les battirent et sauvèrent leur pays

de l'envahissement. Comme il s'agit d'une légende, les avis divergent sur l'emplacement et la date de l'événement. Certains pensent qu'il s'agit du château de Luncarty, en 990, d'autres du château de Stains, en 1010…

Toujours est-il que, depuis le XVIe siècle, le chardon fait partie des emblèmes des armoiries royales. Et l'ordre de chevalerie le plus prestigieux du pays est « *The Most Ancient and Noble Order of the Thistle* » (*thistle* signifie chardon), fondé en 1687. Ça vaut bien les oies du Capitole. Et on ne les mange pas à Noël.

Jusqu'à preuve du contraire…

79

Pourquoi les zèbres ont-ils des rayures ?

Vous connaissez les rayures du zèbre. Des blanches, des noires, des noires, des blanches, il y en a tellement qu'on ne dit même plus qu'il est rayé, on dit qu'il est zébré.

Mais au fait : à quoi servent-elles ? Certainement pas à se camoufler dans le paysage. Vous avez déjà vu un décor de brousse rayé verticalement noir et blanc ? À la limite brun et roux…

Les rayures pourraient éventuellement servir comme signal de reconnaissance à très courte distance, mais là encore, on connaît des milliers d'autres espèces animales qui se distinguent parfaitement sans avoir à recourir à une décoration bichromatique si stylisée.

En fait, il semble que l'explication se tienne ailleurs. Non pas du côté du zèbre, mais de ses ennemis.

Première observation : tous les zèbres ne sont pas rayés de la même façon. Au nord et au sud de l'Afrique, ils ressemblent davantage à des ânes tachetés, pas avec des rayures franches comme au centre du continent.

Des chercheurs allemands et anglais ont découvert que les zones où vivent les zèbres rayés *(carte de gauche)* correspondent peu ou prou au territoire de la mouche tsé-tsé *(carte de droite)*, celle qui véhicule la maladie du sommeil. Au fur et à mesure que l'on s'enfonce en Afrique tropicale dans les régions infestées par l'insecte, les rayures du zèbre gagnent

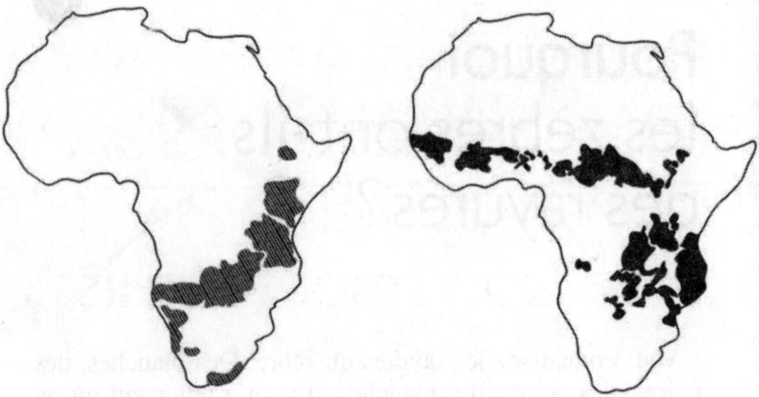

en netteté, et son aspect diffère de plus en plus de celui de l'âne. Dans le sud par exemple, le couagga qui vivait au Cap il y a un siècle était uniquement rayé sur le cou.

Quel rapport avec la mouche tsé-tsé ? C'est que les yeux à facettes de l'insecte perçoivent très mal les formes géométriques. Et en particulier les rayures. Par conséquent, la mouche tsé-tsé ne repère que très difficilement le zèbre, donc elle l'épargne, allant administrer ailleurs sa léthargique piqûre.

Dernière question : le zèbre est-il noir à rayures blanches, ou blanc à rayures noires ?

La réponse se fait toujours attendre.

Jusqu'à preuve du contraire…

80

Pourquoi dans les châteaux forts les escaliers en colimaçon montent-ils dans le sens des aiguilles d'une montre ?

Richard Cœur de Lion, qui mourut lors du siège d'un château fort (la bataille de Châlus, au printemps 1199), le savait : leurs escaliers sont traîtres ! Les assiégés étaient en effet réfugiés dans le donjon, et le siège dura quatre jours. Et les escaliers n'y sont pas pour rien.

Vous les avez remarqués lors d'une visite ou dans les films d'époque. D'abord, ils sont très étroits (c'est que les murs sont volontairement très épais). Ensuite, ils montent raide ! Enfin, ils tournent !... Et pas dans n'importe quel sens : dans celui des aiguilles d'une montre (même si, quand ils ont été construits, on ne portait pas de montres !) En montant, vers la droite. Et inversement vers la gauche en descendant. Pourquoi toujours ce sens-là et pas l'autre ?

La construction des châteaux forts remonte au Moyen Âge. Ce sont avant tout des ouvrages défensifs, destinés à résister à l'assaillant. À l'époque, on se battait à l'épée et au sabre. Le pistolet n'existait évidemment pas. Dans la majorité des cas, l'épée se tient dans la main droite. C'est pourquoi les architectes ont tout fait pour gêner l'agresseur. Quand il monte, tenant son épée de la main droite, l'assaillant est gêné : il manque de place pour la sortir et l'utiliser. Tandis que le défenseur, lui, dispose de la partie la plus large de l'escalier pour manier son épée. À Châlus-Chabrol, les assaillants firent chou blanc : le donjon resta inaccessible, les assauts ne donnèrent rien. Les assiégés ne se sont rendus qu'après avoir appris la mort, à cause de l'une de leurs flèches, de Richard Cœur de Lion.

C'est ce qu'on appelle avoir l'esprit d'escalier.

Jusqu'à preuve du contraire…

81

Pourquoi les avaleurs de sabres ne s'égorgent-ils pas ?

Vous avez déjà vu cela à la foire ou en cuisine : un inconscient qui s'enfile une lame d'au moins trente centimètres dans la gorge. Sans trucage, qu'il dit. Mais quel est le truc ? Un sabre télescopique qui se rétracte dans le manche ou dans la bouche ?

Voyons. Le sabre circule de main en main parmi les spectateurs, avant et après le numéro. Vous l'inspectez. Rien à dire. Ou plutôt si : un engin de mort qui couperait la tête à mille hérétiques. Alors où est le truc ?

Pas dans l'arme. Mais dans l'avaleur.

Normalement, quand on essaye de s'introduire un objet dans la gorge, on a aussitôt un réflexe de haut-le-cœur qui empêche d'avaler l'objet et, donc, éventuellement, de s'étouffer avec. Vous l'avez remarqué en vous enfonçant un doigt au fond de la bouche (pour des motifs que je préfère ignorer).

Or, les avaleurs de sabres ont appris à contrôler les mus cles de leur gorge pour annihiler ce réflexe, et permettre à la lame de passer.

Vous objectez que la bouche et l'estomac ne sont pas en ligne droite ? C'est ce que vous croyez !

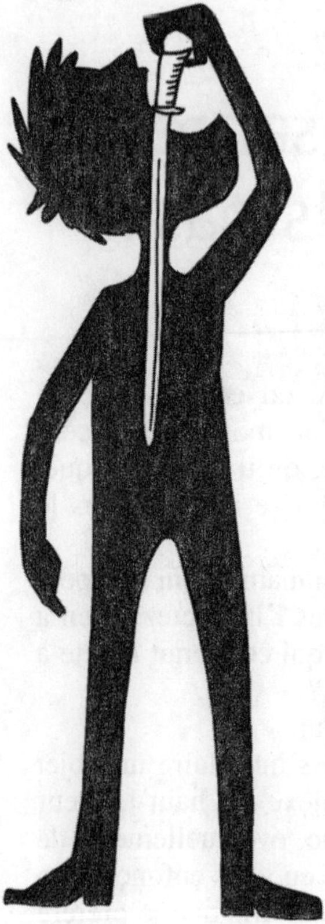

Certes, au repos, il y a comme un angle droit. Mais l'œsophage peut se retrouver en ligne droite de l'axe de la cavité buccale à la condition expresse de renverser la tête en arrière, à angle droit justement. Ce que font les avaleurs de sabres. Ainsi, ils évitent la pomme d'Adam, et ils peuvent faire descendre leur sabre jusque dans l'estomac. Ou presque. Un peu comme la regrettée Linda Lovelace, dans *Deep Throat* (1972). Avec délectation. Ou presque.

Jusqu'à preuve du contraire…

82

Pourquoi, quand on ouvre une bouteille de champagne, commence-t-on par tourner le bouchon sur lui-même, plutôt que de le tirer directement vers le haut ?

Vous connaissez le principe, mais vous voulez en avoir le cœur net. C'est bien. Alors sortez le champagne du réfrigérateur. Et profitez de l'instant : vous voici dans le premier livre de questions en direct.

Attrapez fermement la bouteille, saisissez le bouchon, tournez-le sur lui-même jusqu'à ce qu'il commence à bouger et là, tirez un bon coup, mais pas trop fort quand même. « Plop » !

Laissez retomber la mousse. Avant de déguster, une question : pourquoi avez-vous commencé par tourner le bouchon, au lieu d'y aller franchement vers le haut ?

Parce que vous êtes malin. Et partisan du moindre effort. Bravo !

D'abord, quand on croit faire pivoter le bouchon, en réalité, on le tord sur lui-même. On tourne certes le haut du liège, mais le bas (la partie toujours prisonnière de la bouteille) ne bouge pas tout de suite.

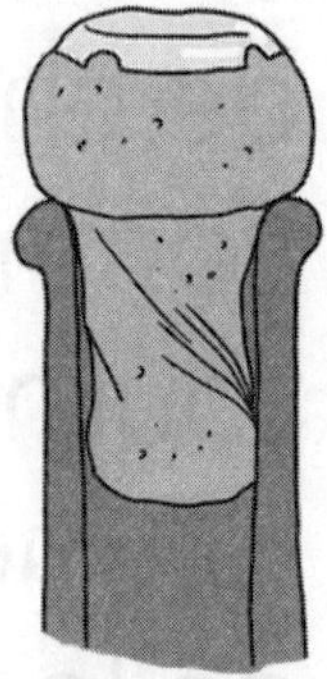

Or, quand on tord un objet, celui-ci diminue de diamètre à l'endroit même où il se tord, parce qu'en fait il s'allonge. Comme par exemple un gant de toilette : si vous l'essorez, à l'endroit où il se tord, il s'amincit. En termes savants, on appelle ce phénomène une striction. Bref, à l'endroit où le bouchon est tordu, son diamètre diminue. De très peu, insuffisamment pour être distingué à l'œil nu, mais il diminue quand même. Du coup, à cet endroit-là, les forces d'adhérence à la paroi de verre sont moins grandes. Donc, le bouchon commence à glisser. À partir de là, ça va tout seul.

Vous pouvez vous resservir une autre coupe. Il existe encore une autre raison. On l'a vu : le bouchon se décompose en deux parties. Il y a le haut qui se trouve hors de la bouteille, et le bas coincé dans le goulot. La partie supérieure du bouchon présente un rayon environ deux fois plus grand que celui de la partie inférieure. Cela ne vous rappelle pas le principe du levier ?

Quand vous tournez votre bouchon sur lui-même, vous exercez votre force sur la partie supérieure du bouchon, donc sur un rayon deux fois plus grand. Ce qui revient à dire que vous avez deux fois plus de force que si vous l'aviez bêtement tiré vers le haut.

Santé encore !

Deux verres, ça va.

Jusqu'à preuve du contraire…

83

Pourquoi le point d'interrogation a-t-il cette forme ?

Dans un livre avec autant de questions, c'était bien la moindre des choses de se poser celle-là... Ce drôle de signe qui termine les questions, certains l'utilisent même au début de la phrase, comme les Espagnols. *Hola ! ¿Qué tal ?*

Une petite boucle, un point dessous... Bon d'accord, c'est une convention, me direz-vous. Oui, mais c'est un peu court. Pourquoi celle-là plutôt qu'une autre ? Pourquoi pas autre chose ? Trois points ? Un carré ? Le hasard ? Non, c'est bien plus intéressant que cela.

Le point d'interrogation est apparu dès le IXe siècle. Ce sont les moines copistes qui ont introduit ce changement. La volonté de marquer l'interrogation dans la langue écrite est née d'un besoin plus général de rendre intelligibles les textes. Les premiers écrits grecs étaient en effet des suites de mots sans espaces, ce qui impliquait une lecture ardue. Les copistes ont standardisé les espaces entre les mots, par exemple. L'usage de points pour séparer les phrases est également un facteur de lisibilité.

Peu à peu, les signes se sont multipliés pour indiquer les nuances. Les points, ainsi, se plaçaient soit en haut de la ligne, soit au milieu, soit en bas. Mais ces trois nuances n'étaient pas suffisantes. C'est alors qu'est née la ponctuation « forte ».

quaestio

quaestio

qo

q
o

q
o

?

Le symbole « ? » est une abréviation du mot *quaestio* latin, placé à la fin de la phrase : on écrit un *q* minuscule au-dessus du *o*.

Le « ? » est devenu un symbole si efficace que désormais il n'est plus besoin de constituer une phrase interrogative (loup y es-tu ?) pour faire comprendre à son lecteur qu'il s'agit là d'une question. Vous comprenez ? Mieux : même plus besoin de mettre un verbe, et d'ailleurs même plus besoin de faire des phrases. Vraiment ? Vraiment.

Jusqu'à preuve du contraire…

Pourquoi les dromadaires ont-ils une bosse ? Et pourquoi les chameaux en ont-ils deux ?

Ensemble, comptons les bosses. Dromadaire : 1. Chameau : 2.

Pourtant ce double POURQUOI n'est pas arithmétique, mais zoologique. La question première n'est pas de savoir pourquoi le dromadaire a une bosse, mais plutôt de comprendre ce qu'elle fait sur son dos. Je suis sûr que vous avez une petite idée : la bosse du dromadaire serait une réserve d'eau. Eh bien non !

Grâce à sa bosse, certes, le dromadaire peut résister à la sécheresse du désert. Dix fois mieux que l'homme, quatre fois plus que le cheval. Il peut parcourir trois cents kilomètres en quatre jours sans absorber une seule goutte de liquide. Pourtant sa bosse contient non pas de l'eau, mais de la graisse.

De la graisse par cette chaleur ? Oui. Car comme tous les composants de notre corps, la graisse contient de l'hydrogène. Quand celui-ci se consume avec l'oxygène de l'air (c'est le phénomène

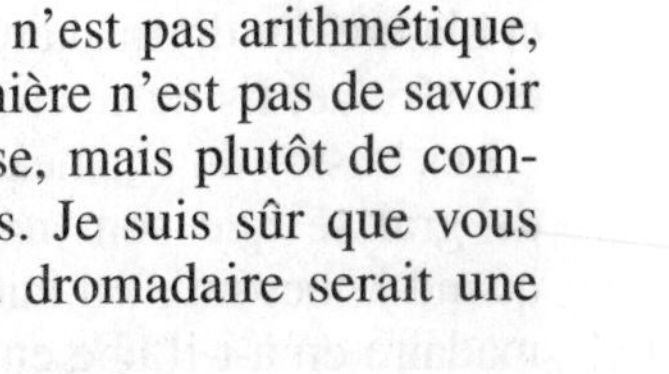

bien connu de la respiration), il se forme de l'eau. H_2O, deux atomes d'hydrogène pour un atome d'oxygène.

D'où cette sophistication suprême de la nature : la bosse de graisse de quarante kilos du dromadaire lui fournira bien plus de quarante litres d'eau.

Mais alors, pourquoi le chameau a-t-il deux bosses ? Boit-il davantage que le dromadaire ? Ou est-ce son climat qui est plus ensoleillé ?

Loin du bar, répertorions leurs différences. Tous deux sont des camélidés. Le chameau (*Camelus bactrianus*) vit en Asie et blatère. Le dromadaire (*Camelus dromedarius*) se tait, lui, en Afrique. Ils ne se croisent qu'au zoo et au cirque.

Les bosses du chameau renferment également des réserves de graisse que son métabolisme sait transformer en eau quand le besoin s'en fait sentir. Pourquoi son cousin le dromadaire en a-t-il une en moins, alors qu'il serait si pratique d'en avoir une deuxième de rechange ?

C'est que j'ai parlé trop vite.

En fait, comme les chameaux, les dromadaires ont eux aussi deux bosses. Simplement, on ne perçoit pas bien la première – celle qui fait suite au garrot. Les deux bosses ont fusionné. Morphologiquement, l'unique bosse du dromadaire équivaut aux deux bosses du chameau. En observant attentivement un dromadaire, on s'aperçoit qu'une sorte de « pli de séparation » s'est maintenu entre les deux bosses.

Et justement, je vous le conseille. On n'observe jamais assez le dromadaire.

Jusqu'à preuve du contraire…

85

Pourquoi la tartine tombe-t-elle toujours du côté beurré ?

Une statistique personnelle, née de mon observation quotidienne des petits déjeuners, me fait dire qu'il y a 50 % de chance que, durant ce repas, au moins une tartine tombe de la table. Et parmi toutes les tartines tombées, la plupart atterrissent côté beurré ! Je dirais près de 70 % ! Vous avez dû faire cette observation vous aussi. Si le beurre de la tartine est épargné, on a tendance à foncer jouer au loto...

C'est ce que beaucoup appellent la loi de l'emmerdement maximum, la même qui fait que les feux passent au rouge quand on est pressé, qu'il fait toujours beau le lundi et que les clés sont restées dans la veste qu'on a laissée à la maison. Un statisticien vous dirait qu'on ne se souvient que des événements marquants. Or, une tartine qui tombe du bon côté n'est pas un événement notable. On l'oublie aussitôt. Notre mémoire sélective nous laisse donc penser que la tartine tombe toujours du côté beurré.

Je me suis contenté de cette explication, jusqu'au jour où un élément nouveau m'a fait revoir mes certitudes...

Figurez-vous qu'un éminent physicien, Robert Matthews, membre de la Royal Astronomical Society et de la Royal Statistical Society, a décidé d'en faire son objet d'étude, avec des calculs très précis, mettant en jeu la masse de la tartine, son centre de gravité, la hauteur moyenne de la table… Qu'a-t-il découvert ?

La chute d'un corps obéit à des lois précises, dont la première, mise en avant par Newton, est la gravité. Les autres données sont, comme l'a montré M. Matthews, des constantes de l'univers. Les tartines sont donc condamnées à tomber côté beurré.

Pour parfaire sa recherche, M. Matthews a lancé une expérimentation dans toute l'Angleterre. Sur 9821 lancers, 6101 atterrissages ont eu lieu sur le côté beurré, soit un taux de 62 % – la preuve que le hasard n'a rien à voir là-dedans !

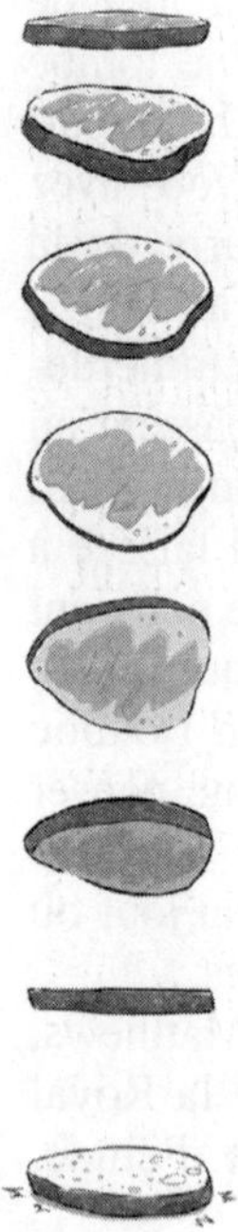

Matthews a obtenu un prix Ig Nobel (équivalent du Nobel pour des études portant sur des sujets… improbables mais néanmoins sérieux) pour ses recherches ! Voilà ce que le lauréat a déclaré, son diplôme à la main : « Je vous remercie sincèrement de cette récompense. Étant sans doute un des individus les plus pessimistes du monde, ma démonstration que la loi de Murphy ("S'il y a une possibilité que cela tourne mal, cela tournera mal") fait partie intégrante du plan même de l'univers m'a apporté un plaisir immense. »

Jusqu'à preuve du contraire…

86

Pourquoi se serre-t-on la main pour se dire bonjour ?

Cela vous semble tellement naturel que vous n'y faites plus attention. On se serre la main pour se dire bonjour. C'est tellement vrai que pour se dire au revoir, on se serre aussi la main. Généralement la même.

Pour quelle raison ?

La question n'est pas aussi élémentaire qu'il n'y paraît.

Car il n'en a pas été toujours ainsi. Il y aurait mille manières de se dire bonjour, comme le pittoresque salut esquimau nez contre nez. Sous l'Antiquité, à Sparte, à Rome, à pied ou à cheval, les hommes se saluaient d'un simple geste de l'avant-bras. Cette politesse s'est répandue et pratiquée à peu près partout en Europe au Moyen Âge. Puis, sans qu'on en date précisément l'origine, les gentilshommes ont commencé à se serrer la main.

Pourquoi ?

En ces temps rudes et sauvages, les chevaliers, les nobliaux, les négociants, les marchands, les bandits de grand chemin, en un mot les hommes, les vrais, portaient en permanence sur eux un petit poignard. Ils n'hésitaient pas à le sortir à la moindre alerte. Que survienne une rencontre : un simple salut du bras ne suffisait pas à les renseigner sur les intentions – pacifiques ou belliqueuses – du nouveau venu.

En revanche, en serrant sa paume contre celle du visiteur, on vérifiait ainsi qu'il n'était pas armé.

Certains esprits perfides prétendent que cette technique de cordiales salutations a été perfectionnée par les Anglais, qui secouaient en sus le bras de l'impétrant (pour faire choir son éventuelle dague). Le fameux *shaking hands*, traduit littéralement : « Secouons-nous les mains ».

Quoi qu'il en soit, c'est pour les mêmes raisons pratiques que les femmes ne se serrent pas systématiquement la main, mais embrassent au contraire leurs connaissances sur la joue. Traditionnellement, dames et demoiselles n'étaient pas armées. Sinon d'un sourire. Et le code de la chevalerie interdisait toute agression envers le beau sexe.

Désarmant.

Jusqu'à preuve du contraire…

87

Pourquoi les antibiotiques ne détruisent-ils pas les virus ?

« Les antibiotiques, c'est pas automatique ! » C'est assez rare pour être signalé : cette campagne de publicité est très bien faite, on a tous retenu le message. Pour certaines maladies, les antibiotiques s'imposent, alors que pour d'autres on nous dit que ce n'est pas utile. Même pas un peu ? Parce qu'être sous antibiotiques, ça fait tout de même plus sérieux, pour un malade… Ah, les préjugés ont la vie dure ! On vous dit que non : c'est un virus ! Ce qui ne signifie pas que la maladie soit moins sérieuse.

C'est juste une différence d'habitat…

Eh oui, une question de logement. Schématiquement, une bactérie est une SDF, elle se balade n'importe où dans l'organisme, alors que le virus élit domicile au sein même des cellules du corps qu'il contamine. Pour le dire plus scientifiquement, les bactéries sont des organismes à part entière. Les antibiotiques, selon la racine du mot, vont « contre la vie ». Ils agissent en bloquant le développement de la bactérie, en l'empêchant de vivre. Les antibiotiques n'ont aucun effet sur des virus qui vivent au sein des cellules

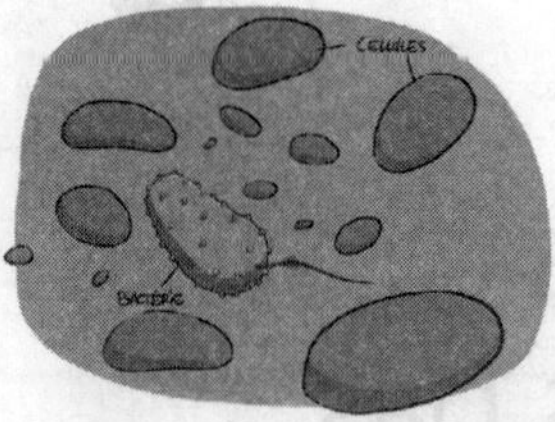

du corps – hélas, pour les malades du Sida. Pour déloger les virus, d'autres méthodes seront utilisées, par exemple renforcer les défenses immunitaires du corps grâce à des probiotiques. Pour les symptômes, par exemple de la grippe, on prendra des médicaments qui les soulagent, mais ce ne sont pas eux qui vont combattre le virus.

On retiendra cet aphorisme des vieux médecins : une grippe non traitée dure une semaine, une grippe traitée dure sept jours.

Jusqu'à preuve du contraire…

88

Pourquoi le sigle du dollar est-il $?

Une histoire de gros sous ! Vous le savez, « dollar » peut se symboliser de deux façons différentes : le *S* s'orne, au choix, d'un trait ($), ou de deux traits (💲).

Dans les deux cas, une seule et même question : pourquoi le sigle du dollar est-il un *S* barré ? Un *D* pour « dollar », passe encore ! Mais un *S* ! Et pourquoi l'a-t-on barré ?

L'histoire du dollar commence au XVIe siècle, sur le Vieux Continent. C'est la période de l'explosion de la demande de monnaie pour les échanges commerciaux, et l'empire germanique a pour monnaie le thaler. L'influence germaine s'étendant sur une partie de l'Europe, notamment sur l'Espagne, ainsi que sur l'Amérique du Sud, la monnaie franchit les océans. Et son nom évolua peu à peu, pour devenir « tolar » puis « dollar ». Ou enfin, plus précisément, le « dollar espagnol ».

Mais comment cette monnaie en vint-elle à devenir celle des États-Unis ? Pendant très longtemps, plusieurs monnaies cohabitèrent dans le territoire qui n'était pas encore indépendant. Certains états battaient leur propre monnaie et la monnaie anglaise tenait le haut du pavé – si l'on peut dire... –, jusqu'à ce que la crise au Royaume-Uni pousse la colonie à s'en affranchir.

Le dollar américain a été créé le 2 avril 1792, adopté en 1793, et la première pièce fut frappée en 1794.

Le sigle est directement lié à son histoire... Son nom est en effet, à l'origine, le « spanish dollar », puisqu'il vient de la zone d'influence espagnole.

SPANISH dollar $

On a commencé par abréger le nom de la monnaie ainsi : S ll – *S* pour *Spanish* et les deux *l* de dollar. Puis les deux barres sont venues se placer sur le *S*, pour plus de clarté peut-être.

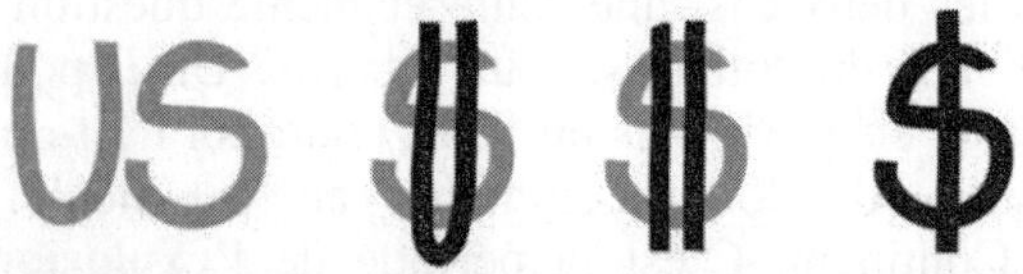

Mais cette histoire ne convainc pas tous les spécialistes. Certains préfèrent une explication plus anglo-saxone.

En anglais, on dit *« The United States »*, avec pour initiales *US*. Eh bien *US*, justement, c'est ce qu'avait imprimé la Federal Bank sur les premiers billets américains. Mais c'était calligraphié d'une manière très particulière : le *U* chevauchait le *S*. Or, si on dessine un *U* très allongé par dessus le *S*, cela revient presque à barrer le *S* de deux traits. Voilà pour l'explication des deux stries verticales. Mais la rayure unique ? Toujours aussi simple.

Avec le temps, on a dessiné les barres du *U* de plus en plus serrées, jusqu'à ce qu'elles se superposent pour n'en plus former qu'une seule.

D'où le $…

Il n'y a pas de petites économies.

Jusqu'à preuve du contraire…

89

Pourquoi la neige est-elle blanche ?

Que ce soit à Megève, à Courchevel, sur la butte Montmartre ou au pôle Nord, la neige a toujours la même couleur. Blanche, elle est blanche – au moins tant qu'elle reste immaculée… parce que, parfois, elle prend une affreuse couleur grise, beurk !

Mais bon, quand la neige est belle, elle est vraiment belle… Je sais, c'est une lapalissade[1] !

Pourquoi n'est-elle pas bleue comme le ciel, ou comme les mers et les océans ? Pourquoi cette blancheur ? Pour mettre en valeur notre bronzage ? Pour que les combinaisons de ski colorées se repèrent facilement ? Trêve de plaisanteries…

La neige est blanche car la lumière n'y reste pas ! Ou plutôt, c'est un phénomène optique qui fait apparaître la neige blanche. La lumière passe à travers les cristaux qui, transparents, ne la retiennent pas, mais la reflètent dans toutes les directions (comme tous les cristaux). Elle passe aussi par les couches d'air qui se trouvent entre les cristaux et en ressort « entière »… c'est-à-dire que tout le spectre est encore présent. Toutes les longueurs d'onde ressortent

1. Voir le Pourquoi n° 34.

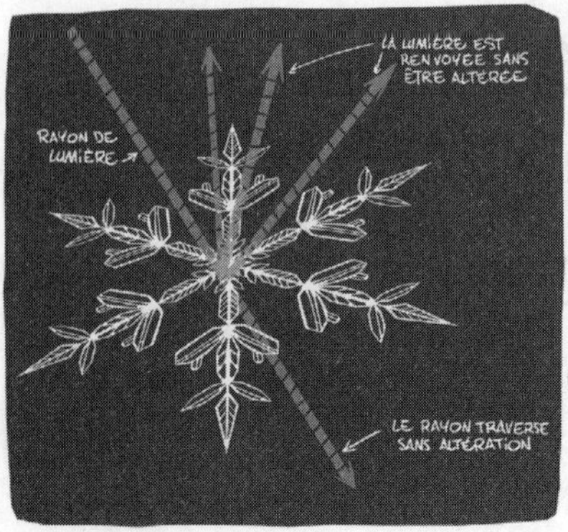

et sont reflétées par les cristaux de glace. Donc, la neige retransmet intégralement la lumière qui la frappe. C'est ainsi que, au coucher du soleil, elle peut prendre des teintes orangées du plus bel effet. Le même phénomène se produit avec l'écume de la mer ou les chutes d'eau.

C'est pour la même raison que nous bronzons autant à la montagne : on reçoit la lumière deux fois. Les yeux aussi en prennent un coup. C'est ainsi qu'existe « l'ophtalmie des neiges » ; alors qu'il n'y a pas d'ophtalmie des pluies.

Quelle chute éblouissante !

Jusqu'à preuve du contraire…

Pourquoi la ville que l'on cherche est-elle *toujours* au bord de la carte ?

Vous l'avez remarqué, vous aussi ! La portion de carte dont on a besoin est toujours au bord ! Ou sur la pliure quand c'est une grande carte ! S'agit-il d'un complot des fabricants de cartes ? Veulent-ils nous faire acheter plus d'entre elles, en changeant les cadres pour éviter ce genre de désagrément ? Ou alors un coup sournois des fabricants de GPS ?

Rien de tout cela. Cessons notre crise de paranoïa. C'est simplement une question de logique mathématique.

Examinons une carte de plus près…

Si l'on considère qu'une ville est au bord de la carte lorsqu'elle se situe dans une bande de 2 cm sur le côté, sachant que la portion de carte que l'on a sous les yeux est en général au format A4, soit environ 21 sur 29 cm, la bande représente 192 cm^2, alors que la surface totale de la carte

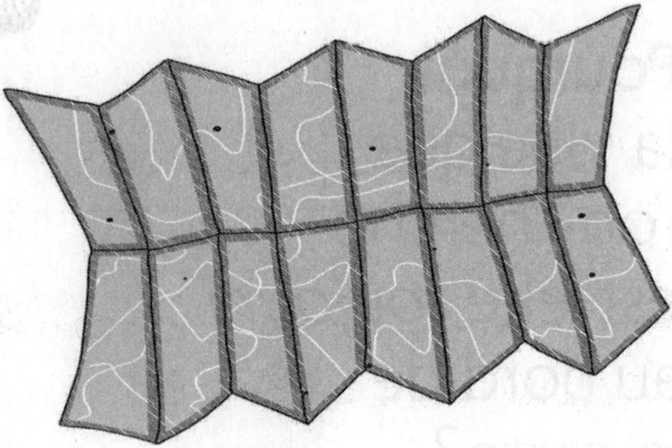

est 609 cm^2. C'est-à-dire un tiers de la carte environ. C'est considérable ! Cela amène à une chance sur trois le fait de chercher un point qui se trouve dans la bande fatidique.

D'autant plus que lorsqu'on regarde une carte, c'est que l'on roule, en général. Donc même si l'on part du centre, on va forcément arriver au bord à un moment… On va alors faire l'expérience terrible de la ville cachée dans un coin de la carte, et que l'on ne parvient pas à retrouver sur l'autre carte, presque à coup sûr.

Jusqu'à preuve du contraire…

91

Pourquoi avons-nous peur des araignées (inoffensives) alors que nous trouvons mignons les petits tigres (bien plus dangereux) ?

Combien de fois nous sommes-nous extasiés devant un bébé tigre ? Regardez sa petite frimousse, il est trop « trognon » ! Et ses petites dents… et ses petites griffes… Pas si petites que ça, en fait, et déjà bien dangereuses ! Mais nous sommes tellement inconscients du danger que des accidents ont lieu tous les ans. On veut toucher, caresser, câliner des bêtes sauvages qui ne sont pas du tout gentilles comme des peluches !

Mais pourquoi cet attrait ? Parce que leur poil est doux ? Que nous les prenons pour des animaux domestiques à cause de leur ressemblance avec les chats ? En fait, c'est pour une raison plutôt rassurante pour nos propres enfants…

Eh oui, si nous sommes attendris par les bébés tigres, comme nous le sommes d'ailleurs par les bébés phoques, c'est qu'ils ressemblent aux nôtres. Poilus avec des moustaches ? Pas du tout !

Plus exactement, comme tous les bébés mammifères, les petits félins présentent des caractéristiques auxquelles les adultes sont programmés pour être sensibles : traits ronds, grands yeux, bouche centrale, etc. Cela évite que les adultes tuent les petits. Et ce qui est fort, c'est que cela fonctionne d'une espèce à l'autre.

C'est pour cette raison que les chiens se laissent tirer la queue par bébé sans broncher, alors que si c'était le facteur, ils lui auraient déjà mordu le bras.

Nous aimons les tigrons et les lionceaux parce que, instinctivement, nous avons envie de les protéger, de prendre soin d'eux. Comme s'il s'agissait d'enfants de notre propre espèce. Même s'ils peuvent nous arracher l'œil d'un simple coup de papatte.

À l'inverse, les bébés araignées nous touchent beaucoup moins. C'est parce qu'on ne voit pas leur frimousse. Et nous les écrasons d'un coup de talon sans scrupule. Même l'araignée tigre.

Jusqu'à preuve du contraire…

92

Pourquoi les cuisiniers portent-ils une toque ?

Vous l'avez remarqué en cuisine, ou paradoxalement dans les publicités pour les boîtes de conserve. Les cuisiniers portent sur la tête une toque et rien d'autre. Quand ils sont célèbres, il y a leur nom brodé dessus. Quand ils ne le sont pas, il est à l'intérieur – c'est leur femme qui a cousu l'étiquette, comme en colonie de vacances.

Reprenons. Que les cuisiniers portent quelque chose sur la tête, d'accord, que leurs cheveux poisseux n'aillent pas se noyer dans le ragoût qui mijote. D'accord aussi pour la toque, afin qu'on les distingue des garçons de salle, ou de la dame-pipi.

Mais pourquoi une construction si haute, donc peu pratique ? Et blanche, donc salissante ? Pourquoi pas un Panama, une casquette de base-ball, un *sombrero* ?

En France, jusqu'au XVIIe siècle, les cuisiniers portaient des couvre-chefs (c'est le cas de le dire) de taille et de couleur différente suivant leur rang dans la hiérarchie. Mais au XVIIIe siècle, le fameux chef Antonin Carême trouve que toutes ces variantes font désordre. Il ne veut voir qu'une seule couleur. Et une seule forme.

Né en 1784, débutant par la boulangerie, Carême fut le premier chef à se faire appeler « chef ». Il a été au service de Talleyrand, qui avait pour ordre de la part de Napoléon de recevoir toute l'Europe à sa table. Talleyrand l'a beaucoup encouragé à creuser ses idées culinaires : utilisation des fines herbes, amélioration des sauces, etc. Puis il parcourt l'Europe, demandé dans toutes les cours.

En 1821, il est au service de lord Charles Stewart, en Autriche. Les bonnets de coton blanc utilisés jusque-là ne le satisfont plus. Ils manquent de rigueur, sont trop mous (reconnaissons qu'ils ressemblaient davantage aux bonnets des Schtroumpfs qu'à la tour de Pise !). Il imposera la toque. Pour la rigidifier, il fit placer à l'intérieur un morceau de carton pour qu'elle se dressât avec majesté. Dans quel but ? Pour ventiler le haut du front et le crâne qui transpirent dans la chaleur des cuisines.

De nos jours, le carton a été remplacé par de l'amidon, mais le principe reste le même.

Jusqu'à preuve du contraire…

Pourquoi y a-t-il des pages blanches à la fin des livres ?

Remerciements, table des matières, achevé d'imprimer… et puis six pages blanches. Vous l'avez remarqué : quand vous continuez à tourner machinalement les pages de l'ouvrage que vous venez de finir, dans l'espoir que l'auteur raconte encore quelque chose, vous tombez souvent sur des pages blanches. Cela prouve-t-il que l'auteur a calé sur la fin et fini un peu court ? Que l'éditeur a vu trop grand et commandé trop de papier ?

En fait, c'est plutôt l'imprimeur que cela concerne…

L'imprimeur et l'éditeur plus exactement qui, dans cette affaire, marchent main dans la main. En effet, les contraintes techniques sont parfois primitives. Les machines impriment les livres sur d'immenses feuilles, voire sur des rouleaux, ce qui implique ensuite de plier le papier. Ces pliures donnent ce que l'on appelle des cahiers, dont le nombre de pages est fixe : 8, 16, 32… (vous reconnaissez là des multiples de 4) ; cela dépend des techniques d'impression – et du talent du chef de fabrication. En bibliophilie, on connaît ces formats : in-octavo, in-quarto qui font référence au nombre de pliures de la feuille de base. En tout cas, cela oblige à prévoir l'organisation du texte de manière à

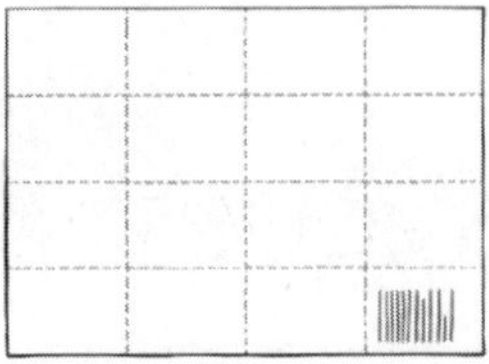

tomber juste. Mais le cas le plus courant est qu'il reste des pages vacantes à la fin. Par exemple, si un texte fait 152 pages, il restera 8 pages blanches à la fin puisque les cahiers de 16 ou 32 pages tombent sur 160 pages.

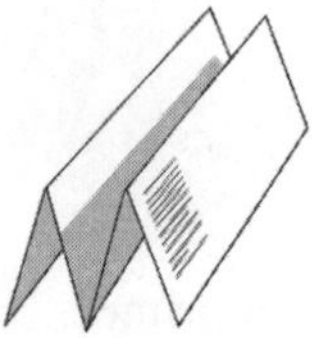

On peut aussi jouer sur la taille des caractères, la police, les débuts de chapitres que l'on va placer à la suite – on dit « à la page » – ou systématiquement en page impaire – que l'on nomme la « belle page », celle de droite, celle que l'on regarde en premier dans les magazines, où les annonceurs exigent d'avoir leur publicité. (Et quand il y a une pub de chaque côté, celle de droite est plus chère.)

Bref : tout ça pour vous dire de vous abstenir d'invoquer la flemme de l'auteur si vous voyez des pages blanches à la fin de ce livre !

Jusqu'à preuve du contraire…

94

Pourquoi les fautes typographiques ont-elles été baptisées des « coquilles » ?

Vous en avez déjà relevées, de ces coquilles, ne serait-ce qu'en parcourant le journal du lendemain. Car c'est toujours dans l'édition du lendemain que le directeur de la publication s'excuse d'une faute typographique parue la veille. Sous le titre « *Erratum* », trône la formule consacrée : « Une malencontreuse coquille a rendu incompréhensible notre article d'hier au sujet de..., etc. » Suit quelque bévue dont la drôlerie tient généralement à une lettre près.

Par exemple, le soir de la naissance du prince Charles (à moins que ce ne soit Andrew), un correspondant de l'AFP, pris par l'événement, avait titré : « La reine d'Angleterre accouche d'un gardon », au lieu de : « La reine d'Angleterre accouche d'un garçon ». Lorsqu'il réalisa son erreur, il rectifia aussitôt : « La reine d'Angleterre accouche d'un lardon ».

Plus récemment, un quotidien régional du Sud-Ouest a fait paraître le rectificatif suivant : « *Erratum* : dans notre dernier numéro, à la place du titre de rubrique *Erratum*, il fallait lire *Errata*. » Félicitations. On n'est jamais trop précis.

Savoureuses coquilles. Mais pourquoi une telle appellation ? Quel rapport avec saint Jacques ? Ou des noix ? Voire une protection intime de gardien de but ?

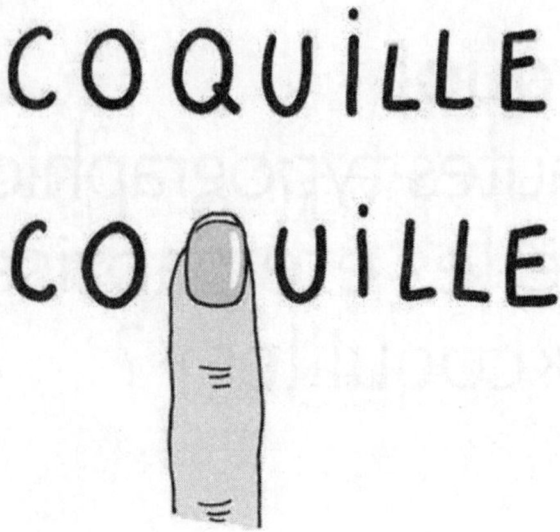

Aucun. Mais munissez-vous plutôt d'une feuille de papier, d'une gomme et d'un crayon.

Écrivez le mot « COQUILLE ».

Maintenant, gommez le *Q*…

C'était la plaisanterie favorite, et redoutée, des ouvriers du livre de la grande époque, quand les journaux étaient encore fabriqués au plomb. Bien avant l'invention du traitement de texte.

Mais les temps changent, et l'ordinateur fait peu à peu disparaître les coquilles.

Jusqu'à preuve du contraire…

95

Pourquoi ne reconnaît-on pas sa voix quand elle est enregistrée ?

Pas besoin de faire de la radio pour détester s'entendre (je sais de quoi je parle). C'est devenu flagrant avec les répondeurs téléphoniques : notre voix ne ressemble absolument pas à ce que nous croyons ! Mais quel est ce son que je ne reconnais pas ? Ma voix ? Pas possible ! Mais tout le monde m'entend comme ça ? Horreur ! Je ne dirai plus un mot…

Bon, d'accord, je vais quand même me remettre à parler. Mais comment expliquer ce qui se passe pour qu'on ne reconnaisse pas sa voix quand elle est enregistrée ? Est-ce psychologique, comme une sorte de déni ? Est-ce un défaut technologique ? Les ondes sonores sont-elles modifiées ? Non, puisque nous identifions facilement la voix des gens que nous connaissons.

Ce qui change, c'est le cheminement du son…

Le son de notre voix, nous le recevons par deux canaux différents : par l'oreille externe, comme le reçoivent ceux qui nous entourent, mais aussi, en partie, par l'oreille interne. Par l'intérieur. Là, le son ne « sort » pas de notre corps, et les ondes sont modifiées par les structures qu'elles rencontrent : les os et tissus du crâne.

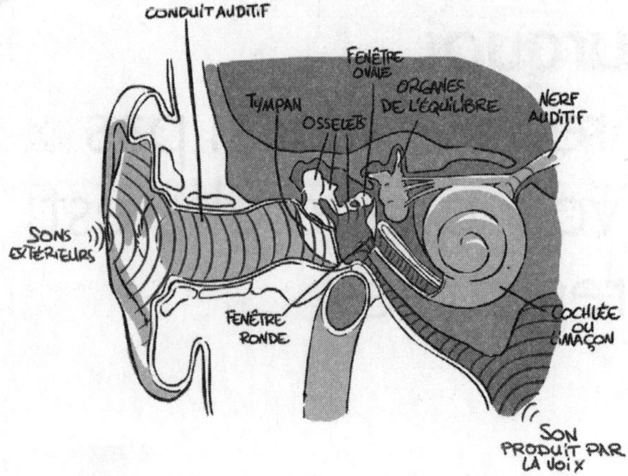

La voix que nous entendons est plus grave que celle qui est perçue par notre entourage, car les os propagent les plus basses fréquences, et atténuent les fréquences aiguës.

Voilà pourquoi nous avons, vous avez, une voix de crécelle sur ce maudit répondeur !

Jusqu'à preuve du contraire…

96

Pourquoi l'enseigne des bureaux de tabac est-elle un losange rouge ?

Vous l'avez remarqué en levant la tête : au-dessus de chaque bureau de tabac est accrochée une sorte de double cône de couleur rouge vif, que les détaillants et les fumeurs habitués (pléonasme) appellent la « carotte ».

Pourquoi cette forme ? Quel rapport entre les carottes et le tabac ? Et ne me dites pas que les carottes rendent aimables les fumeurs qui en auraient bien besoin. Personnellement non-fumeur, je suis impartial sur le chapitre.

Il y a deux siècles, la consommation de tabac en Europe faisait un tabac – justement. À cette époque, les paquets rigides de vingt n'existaient pas, et les feuilles étaient vendues sous la forme de rouleaux allongés que l'on râpait pour en faire une poudre. Cette poudre était ensuite prisée – justement.

Au début de *Dom Juan*, Molière fait l'éloge du tabac, par la voix de Sganarelle, le valet, qui s'exclame : « Mais qui vit sans tabac n'est pas digne de vivre ! Il purge le cerveau et il rend honnête homme car on fait circuler la tabatière. »

Oui, mais notre carotte ?

Bien avant les cafetiers, les premiers à vendre du tabac furent les épiciers et les apothicaires. Et comme les rouleaux de tabac ressemblaient à une carotte, ils ont eu l'idée d'accrocher un véritable tubercule, fraîchement cueilli dans le jardin, à leur devanture pour avertir les clients. Par ailleurs, certains ont noté que dans une boîte, la carotte permet de bien humidifier le tabac.

Peu à peu, ladite carotte s'est stylisée. Des petits malins ont fabriqué de fausses carottes, plus grosses, plus orange encore, en un mot plus *vendeuses*. Il ne manquait plus que l'électricité. On a installé un néon à l'intérieur, on la repère de toujours plus loin.

C'est bien la première fois qu'une carotte nuit gravement à la santé.

Jusqu'à preuve du contraire…

Pourquoi faut-il offrir un nombre impair de fleurs ?

Roses, tulipes, renoncules, orchidées : l'usage et la bienséance veulent qu'elles s'offrent toujours en nombre impair. Pour l'orchidée, c'est facile, elle se présente en solo… La rose le supporte aussi. Mais quand on veut en offrir plusieurs, il s'agit de ne pas se tromper : il en faut toujours un nombre impair, au risque de passer pour un amateur, un ignorant, voire un goujat… Comment, vous ne le saviez pas ? Vous n'avez pas lu la baronne Staffe ? Vous ne la connaissez même pas ? Toute une éducation à refaire !... Je vous fais grâce de la présentation de la baronne, mais pour les fleurs, pas de quartier. Est-ce une tradition lancée par les fleuristes pour vendre davantage (comme cette prétendue « fête des grands-mères » inventée par une marque de café) ? Une superstition gratuite ? Rien de tout cela. Une observation de bon sens.

Comparez les deux bouquets. Au premier coup d'œil, il est moins facile de déterminer le nombre de fleurs quand leur nombre est impair – bien sûr, quand il y en a trois, c'est une vue de l'esprit. Mais quoi qu'il en soit, le nombre impair, en rendant impossible la symétrie, favorise l'impression de foisonnement. Cela rend le bouquet plus esthétique, mais surtout plus sauvage, plus improvisé, en un mot plus sincère. Moins calculé.

Au-delà de dix roses, cette règle est plus ou moins suivie, car l'encombrement du vase est tel que les fleurs font masse, et les questions de symétrie ne sont plus de mise. Le mieux est d'avoir un nombre premier. Quinze pivoines peuvent se ranger en trois paquets de cinq. Impossible avec 7, 11, 17 ou 19. Évitez le 13, qui pourrait inquiéter une personne superstitieuse (voir à ce sujet la Préface de cet ouvrage).

Bien, vous voilà au parfum… Ne reste plus qu'à choisir la bonne couleur. Pour le bon message : le blanc, c'est la pureté ; le jaune, le succès ; le rouge, la passion. Et le vert ? La couleur des tiges.

Jusqu'à preuve du contraire…

98

Pourquoi les vélos de femme n'ont-ils pas de barre au milieu ?

Que vous ayez l'esprit mal ou très mal tourné, vous l'avez remarqué : le vélo d'homme a une barre au milieu. Plus précisément, le cadre d'une bicyclette pour mâle présente sa barre supérieure parallèle au sol. Sur un vélo de femme au contraire, la barre du dessus rencontre le tube de la fourche beaucoup plus bas, seulement quelques centimètres au-dessus du pédalier.

C'est valable en plaine comme en montagne : les *mountain-bikes* de femmes n'ont pas de barre horizontale, contrairement à la version masculine. Résultat : ça fait moins « montagnard », ça fait… montagnarde.

Pourquoi pas de barre ? Parce que les femmes sont plus petites que les hommes ? Certainement pas. Les différences de taille entre les sexes – si je puis me permettre – ne sont pas suffisantes pour justifier cet ostracisme. Car dans ce cas, les coureurs de poche comme Chiappuchi chevaucheraient eux aussi un vélo de femme dans les courses cyclistes.

La véritable explication est que les créateurs du vélo furent de galants hommes. Qui n'ont jamais perdu de vue la pudeur ni la dignité du sexe faible.

La bicyclette sous sa forme actuelle a été inventée en 1880. C'est l'Anglais Starley qui eut l'idée de la roue arrière motrice grâce à une chaîne. En cette fin de XIXe siècle, les femmes ressemblaient encore à des femmes. Autant dire qu'elles portaient des jupes et des robes.

Et les pères de la petite reine n'ont pas voulu que leurs épouses dévoilent jupons, jarretières et culotte en soulevant la jambe pour la passer par-dessus la barre.

Il y avait tant d'autres occasions pour cela. Jusqu'à preuve du contraire…

99

Pourquoi les steaks hachés sont-ils rainurés d'un côté (et d'un seul) ?

D'abord ce préalable : nous parlons ici du tout-venant, le steak haché surgelé. Produit à la chaîne, à la tonne – en espérant que c'est du bœuf et non du cheval. À la cantine ou à la maison, c'est la même chose : le steak haché a un côté plat, et l'autre rainuré. Et je ne fais pas allusion à un appareil électroménager qui prétend faire sur le steak des marques « comme au restaurant » ! Non, ces rainures sont prévues par les fabricants. Est-ce là une manière de mettre moins de viande ? Un souci esthétique partagé par les multinationales de l'agroalimentaire ?

Et si, pour une fois, cela partait d'un bon sentiment ?

Eh non, ce n'est ni parce que la machine est ainsi faite, ni pour faire joli, mais pour des raisons pratiques et diététiques.

Les steaks, même ceux de très bonne qualité, contiennent toujours de l'eau et de la graisse. Quand on les chauffe, ces deux matières s'évaporent, l'eau en premier évidemment, c'est pourquoi on retrouve toujours du liquide dans la poêle – plus ou moins selon la qualité du produit. La viande hachée « se tient » évidemment moins bien qu'un morceau entier. C'est là que les fabricants appliquent une idée toute

bête, mais qui permet d'accroître la qualité de leur produit : en commençant la cuisson du steak par le côté non rayé, on permet aux liquides qui s'évaporent d'être évacués en glissant le long des rainures.

Quand on élimine l'eau de la pièce de viande, on concentre son goût. Si on l'avait cuite en commençant par l'autre côté, l'eau aurait eu tendance à rester davantage piégée dans le steak. Les géants de la bouffe, pardon, de la nourriture industrielle sont tout sauf des philanthropes. S'ils rajoutent une étape à leur processus de fabrication – donc un coût supplémentaire –, c'est que ça vaut le coup.

Coût ? Coup ! Jusqu'à preuve du contraire…

100

Pourquoi les abeilles tournent-elles autour de la nourriture, sans y toucher ?

C'est un classique de l'été : un déjeuner au soleil, voire l'apéro, gâché par l'arrivée d'une abeille qui virevolte, inspecte, mais ne touche à rien. Doublement agaçant : on a peur d'être piqué, et surtout on se dit que si elle mangeait un peu, ensuite elle partirait, rassasiée. Mais non. Elle tournicote, puis s'en va. Pas pour longtemps, car elle revient avec des copines…

La vie des abeilles au sein d'une colonie est très organisée, comme chacun sait. Les rôles sont répartis entre les membres de la ruche en fonction de leur âge notamment. Les jeunes abeilles commencent par nettoyer leur cocon (range ta chambre !) avant de prendre part à la vie de la ruche, par exemple en la ventilant, ou encore en s'occupant des larves (garde tes frères et sœurs !). C'est seulement dans la seconde partie de leur vie (pas bien longue : de quelques jours à quelques semaines pour les ouvrières) qu'elles auront le droit de sortir. Leur tâche consiste alors à rapporter de la nourriture à la ruche. Si elles vont naturellement vers les fleurs, elles explorent aussi les autres sources potentielles. Par exemple la tarte aux pommes qui trône sur la table. Mais au lieu de se jeter dessus pour la dévorer voracement, l'abeille, dans un premier temps, va se contenter de l'observer. De noter tous les détails. De mémoriser le plan d'accès.

On les appelle les éclaireuses. Car les abeilles ont une prodigieuse méthode de communication, qui leur permet d'indiquer des localisations presque aussi sûrement qu'un GPS.

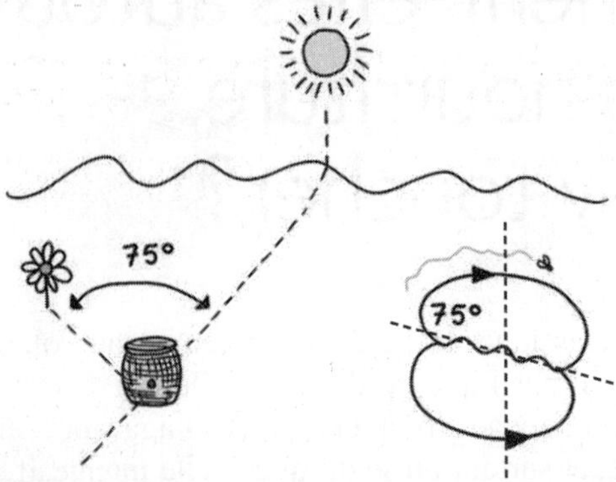

Revenons à notre éclaireuse. Une fois ses repères pris (d'où le vol autour de la nourriture), elle retourne à la ruche pour indiquer le – bon – plan aux autres.

Tout passe par la danse. Si la source de nourriture se trouve à moins de vingt-cinq mètres de la ruche, elle effectue une danse en rond. Dans le cas, plus complexe, où la nourriture est plus lointaine, un vol en 8 lui permet de donner toutes les indications. Elle va d'abord montrer s'il faut aller vers le soleil ou lui tourner le dos, en fonction de son sens de rotation pendant le vol. Ensuite, l'inclinaison du plan de son vol indique l'angle par rapport au soleil, par exemple 80 degrés. Pour préciser la distance à parcourir, elle adapte sa vitesse de vol : plus la nourriture est lointaine, plus le vol est lent.

Une colonie de 30000 abeilles peut visiter 21 millions de fleurs par jour, soit près de 700 sources de nourriture par individu. Normal qu'il s'en trouve une pour survoler votre verre de rosé.

Jusqu'à preuve du contraire…

101

Pourquoi, en sport mécanique, la victoire est-elle annoncée par un drapeau à damier ?

On en rit encore à Monaco. En 2003, dans l'épreuve de F 3000, le Suédois Björn Wirdheim a course gagnée. Pour saluer ses mécaniciens sur le muret, mais aussi pour faire le beau devant les caméras, le pilote ralentit outrageusement sur la ligne droite des stands. Au point qu'il oublie de passer sous le drapeau à damier… et se fait coiffer sur le fil – comme un benêt – par le Danois Nicolas Kiesa pied au plancher.

Citons une « variante » : en moto 125 au GP de Catalogne 2009, le leader se relève un tour trop tôt pour fêter sa victoire… Il terminera quatrième, la « place du con » comme on dit. Le règlement stipule que le directeur de course doit abaisser le drapeau à damier sur le vainqueur et les voitures suivantes, pour leur signifier la fin de la course, même si ses poursuivants n'ont pas accompli le nombre de tours initialement requis.

Dernière ligne droite. Le moment est donc venu de répondre à la question : pourquoi le drapeau à damier ? Un drapeau pour marquer la fin de la course, l'ultime tour, normal : on va pas envoyer les *pom-pom girls* ! Mais pourquoi ces carreaux bicolores ?

La première utilisation du drapeau à damier remonte à une course en Angleterre au début du siècle dernier. Le commissaire et le directeur de course auraient été surpris par l'arrivée du vainqueur alors qu'ils étaient en train de jouer aux échecs. L'un d'eux a donc agité ce qu'il avait sous la main pour signifier l'arrivée de la course, en l'occurrence l'échiquier. Hélas, cela ne nous dit pas ce qui signalait la fin de la course avant cette histoire. Rien, peut-être… Quoi qu'il en soit, l'usage a été pris.

Les premières photographies marquant l'utilisation du drapeau à damier remontent à 1904, dans des courses aux États-Unis. Les carreaux noir et blanc représentent en outre l'avantage d'être distincts des drapeaux de couleur utilisés en course (à la manière des arbitres de base-ball américain, à la tenue rayée blanc et noir).

Attention : simplissime en apparence, l'usage du fameux drapeau peut être source d'erreurs. Il arrive parfois que des invités célèbres soient invités à signifier la fin de la course. Au Grand Prix du Brésil de Formule 1 en 2002, c'est le roi Pelé qui devait agiter le drapeau devant la voiture du vainqueur. Mais il a trouvé le moyen de se tromper. Plutôt que de désigner la Ferrari de Michael Schumacher, il a frénétiquement salué la Jordan-Honda de Takuma Sato, qui végétait deux tours derrière. Quand Schumacher passa la ligne, aucun drapeau ne fut agité car Pelé croyait avoir déjà accompli sa tâche.

Comme disait Alexandre Vialatte : « Sauf erreur, je ne me trompe jamais. »

Jusqu'à preuve du contraire…

102

Pourquoi le terme « *bug* » désigne-t-il une erreur informatique ?

Vous savez ce qu'est un *bug*. Et ça vous énerve bien assez comme ça pour que je m'abstienne de développer. Sachez, à toutes fins utiles, qu'en anglais, « *bug* » signifie insecte. Quel rapport ?

Il était une fois une chercheuse dans un laboratoire, dans les années 1950, aux États-Unis, qui travaillait sur un calculateur baptisé Eniac. Eniac était un mastodonte comme les débuts de l'informatique en ont le secret, il pesait plus de trente tonnes et occupait 72 m^2 !

Un beau jour, la machine s'arrêta. Un silence de plomb succéda au vacarme de son fonctionnement. Que se passait-il ?

Voilà ce que Grace Hopper consigna dans son journal : un insecte avait été pris au piège de la machine ! Elle le nota dans son journal et prit l'habitude, lorsque quelque chose ne fonctionnait pas, de dire qu'elle « cherchait l'insecte ».

C'est une belle histoire... Mais voilà que l'on trouve, en 1903, trace d'un autre « *bug* », un insecte comme nous ne les aimons pas. Celui-ci se trouvait sur un nouvel appareil de transmission électrique en morse, le Vibroplex, novateur mais particulièrement complexe d'utilisation.

Il produisait souvent dcs problèmcs sur les lignes et devint ainsi le symbole de soucis de fonctionnement.

Jolie histoire… Mais voilà encore une fois que les certitudes vacillent. Thomas Edison en personne utilise ce terme dans ses notes, et il apparaît dans un dictionnaire, le *New Catechism of Electricity* de Nehemiah Hawkins, en 1896, avec la définition suivante : « Le terme "*bug*" est utilisé pour désigner tout problème ou erreur dans le fonctionnement d'un appareil électrique »… !

Voilà ce que c'est de chercher la petite bête. Il y en a toujours une autre qui sort.

Jusqu'à preuve du contraire…

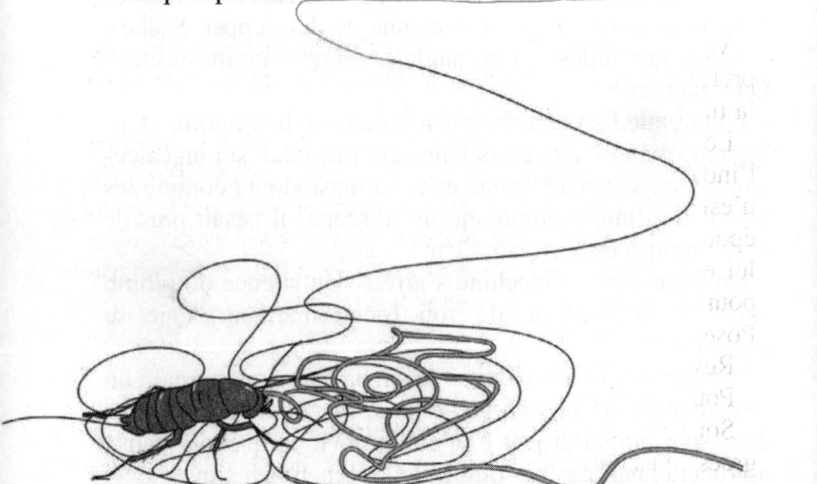

103

Pourquoi porte-t-on l'alliance à l'annulaire ?

Vous l'avez remarqué, que vous soyez marié, divorcé ou prêtre défroqué : l'alliance se porte au quatrième doigt de la main (gauche en général).

Le quatrième doigt, c'est l'annulaire, comme son nom l'indique. Ne mélangeons pas les causes et les effets. Ce n'est pas parce que ce doigt s'appelle l'annulaire que les époux y passent l'alliance. Au contraire, c'est parce qu'on lui enfile l'alliance qu'on l'appelle annulaire. (Je précise pour les jeunes couples mal réveillés. Ou les employés des Postes qui confondent avec l'annuaire.)

Revenons à notre problème.

Pourquoi l'annulaire gauche ?

Sous l'Antiquité, au temps d'Hippocrate, les médecins grecs considéraient que le quatrième doigt était directement relié au cœur, à cause du tracé des veines qui l'entouraient (et qui l'entourent toujours, d'ailleurs). La *vena amoris*, « veine de l'amour », était censée relier le cœur et l'annulaire.

Quelques siècles plus tard, quand les premiers chrétiens célébrèrent leurs cérémonies de mariage, la bénédiction se

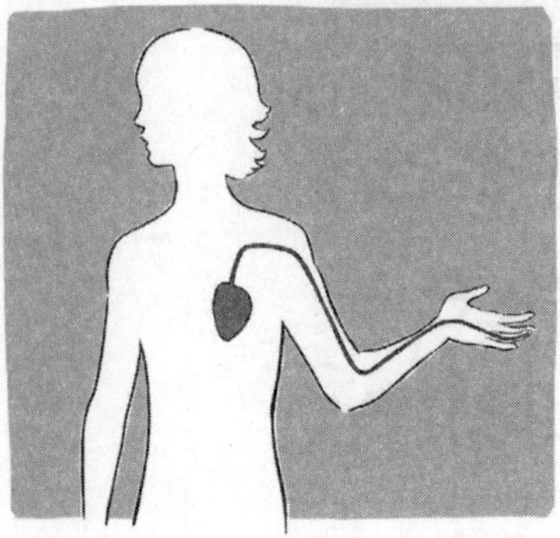

faisait au nom de la Sainte Trinité. Ils la symbolisaient par les trois doigts les plus longs de la main. « Au nom du Père » correspondait à l'index, « du Fils » au majeur et « du Saint-Esprit » à l'annulaire. (Relégués sur le côté, le pouce et l'auriculaire n'avaient plus qu'à aller se gratter.)

Voilà pourquoi l'alliance se porte au quatrième doigt de la main. Ce n'est peut-être pas le meilleur. Mais ce n'est pas le pire.

Jusqu'à preuve du contraire…

Pourquoi n'y a-t-il pas de « IV » sur une horloge ?

Observez le vieux coucou de la maison de grand-mère. Les heures y sont inscrites en chiffres romains : « I » puis « II » puis « III », puis « IIII »…

C'est quoi ce « IIII » ? Ce n'est pas un complot contre le quatre-heures, non ! Mais le fait est que beaucoup d'horloges, en particulier les fameuses horloges comtoises, préfèrent au « IV » dit « soustractif » un « IIII » écrit ainsi (une graphie correcte, qui correspondait à la première façon de l'écrire dans la numérotation romaine).

À première vue, c'est étonnant : on risque de se tromper dans la lecture, avec toutes ces barres. Et pourtant, c'est bien pour plus de clarté que l'on procède ainsi.

Regardez ces deux cadrans.

Dans la mesure où les chiffres sont placés tête en bas, les quatre barres (au niveau des 20 minutes) sont plus claires à la lecture qu'un « IV », que l'on pourrait prendre pour un « VI ».

D'autre part, le cadran de droite semble mieux équilibré que celui de gauche : à droite, les quatre caractères du « IIII » répondent au quatre du « VIII ».

À noter que ce type de graphie s'appelle un « quatre d'horloger », et que Big Ben n'en possède pas. De là à en conclure que les Anglais ne peuvent rien faire comme tout le monde. Manquerait plus qu'ils roulent à gauche !

Jusqu'à preuve du contraire…

Pourquoi les gens ne se baignaient-ils pas avant le XXe siècle ?

Il y avait la plage, le soleil, et la mer… mais personne dedans ! On n'a jamais vu de tableau représentant Napoléon barbotant dans une eau tiède par une belle journée d'été, ni François Ier, ni même Jules César. Et pourtant, il devait être objectivement tout aussi agréable pour eux de faire trempette en période de canicule. (Contrairement au ski par exemple, que nos aïeux ne pratiquaient évidemment pas : le remonte-pente ni même l'électricité n'avaient été inventés.) Mais la baignade, quoi de plus éternel depuis que l'océan et le soleil existent ?

Peut-être nos ancêtres avaient-ils peur de se noyer ? Dans ce cas, ils n'avaient qu'à rester près du bord. Et au-delà de la boutade, le principe d'Archimède était en vigueur avant même que l'homme n'arrive sur terre… Ce n'était pas non plus une question d'argent. Louis XIV par exemple était à l'abri du besoin. Et pourtant, il restait à sec.

Non, l'explication est plus prosaïque…

Le philosophe Michel Serres, qui a étudié les changements de comportements induits par les progrès de la

science et des techniques, a donné la clé de cette énigme. Rien à voir avec l'invention du chemin de fer ou des congés payés. Il est question de médecine.

Jusqu'à deux siècles en arrière, on savait très peu guérir les maladies, et notamment les maladies de peau. Par conséquent, les corps étaient souvent constellés de bubons, de cicatrices, de plaies mal soignées. La décence recommandait de couvrir la misère. La fraise du Moyen Âge n'était pas seulement un vêtement d'apparat, elle était aussi destinée à cacher ce qu'on appelait le «collier de Vénus», autrement dit la vérole qui se manifestait par des ganglions dans le cou, d'une laideur manifeste. On ne se déshabillait pas parce que les corps n'étaient pas montrables.

Avec les progrès de la médecine, cicatrices, bubons et autres plaies variqueuses se sont raréfiés. Il est devenu possible d'exposer sa peau sans subir de regards désapprobateurs. Les baigneuses de Courbet remontent à 1853. Le tableau a fait scandale, non pas parce que la femme sortant de la rivière était nue, mais parce qu'elle était potelée, ce qui était jugé indécent car trop réaliste.

Chaque époque a ses obsessions.

Jusqu'à preuve du contraire…

Pourquoi a-t-on les yeux rouges sur les photos prises au flash ?

Vous l'avez encore déploré en passant en revue les photos de baptême de votre petit cousin. Toute l'assemblée a les yeux rouges. On croirait les participants d'un congrès sur la myxomatose. Ce n'est ni la maladie, ni l'émotion. C'est le flash !

Que s'est-il passé ?

Généralement, l'amateur avisé utilise son flash lorsque la lumière baisse. Ça tombe bien. C'est justement à cet effet qu'on l'a inventé.

Pourtant, dans ce cas, notre œil sait s'adapter. Alors que le film couleur réclame un éclairage supplémentaire, nous y voyons parfaitement. C'est justement cette facilité d'adaptation qui cause tant de dommages sur la pellicule.

Reprenons. Il fait sombre. Inconsciemment, notre iris s'ouvre, comme un diaphragme, pour laisser venir davantage de lumière sur la rétine. Autrement dit, la pupille – le trou noir au centre de l'œil – se dilate. Ce qui découvre progressivement le cristallin, qui agit, en quelque sorte, comme une lentille d'appareil photo.

Or, le cristallin renvoie la lumière du flash avec une coloration rouge. C'est ainsi ; question de longueurs d'ondes absorbées et réfléchies. Par conséquent, malheureusement, vos yeux apparaissent rouges sur la photo.

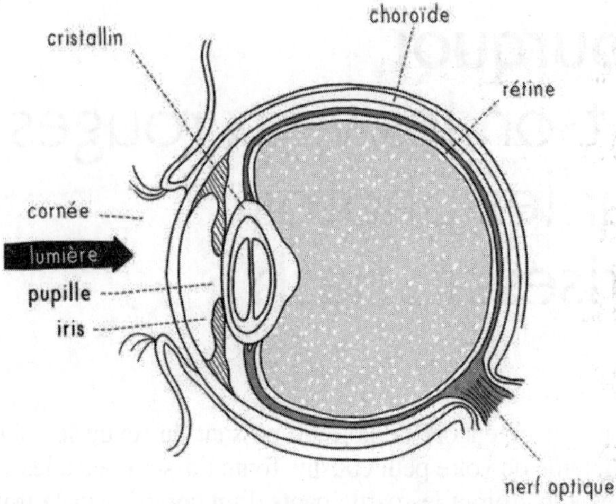

Rassurez-vous, ce principe a été mis a profit par les fabricants. Il existe désormais des appareils anti-yeux-rouges. Avant d'impressionner la pellicule, ils expédient une série d'éclairs rapprochés, à la manière d'un stroboscope. L'œil réagit automatiquement à cet afflux de lumière. L'iris se ferme, la pupille se rétracte. En quelques fractions de secondes, le cristallin a été masqué. C'est à cet instant que vous serez photographié. Bien vu !

Si vous possédez un appareil de ce type, mais que vous êtes nostalgiques des yeux rouges, photographiez des lapins.

Jusqu'à preuve du contraire…

107

Pourquoi parle-t-on de la Hollande ou des Pays-Bas pour désigner le même pays ?

L'Europe, c'est compliqué. Les frontières bougent régulièrement, et une fois que l'on s'est habitué au nom d'un pays, il change ! Bon, j'exagère un peu, mais pas tant que ça... Sans compter les pays que l'on appelle une fois comme ci et une fois comme ça. Par exemple, la Hollande... ou les Pays-Bas, selon les cas. Les journalistes disent soit l'un, soit l'autre, et tout le monde les imite. Si bien que l'on ne sait plus vraiment quel est le nom véritable de ce pays. Car l'un n'est pas la traduction de l'autre, de toute évidence...

Alors, pourquoi ces deux noms ? Pour permettre d'éviter les répétitions dans les textes ? Parce que personne n'a réussi à se mettre d'accord ? Bon, c'est plus simple que cela...

Le nom officiel des Pays-Bas est « Royaume des Pays-Bas », en néerlandais *Nederland* ou alors *Koninkrijk der Nederlanden*. Les Hollandais sont également appelés Néerlandais. On parle pourtant aussi parfois de Bataves,

voire de Frisons, qui sont des noms d'anciennes tribus peuplant le pays. Car l'histoire de ce pays est la réunion de plusieurs régions. Le nom du comté de Hollande, par exemple, est apparu au XIe siècle. Au XVIe siècle, sept provinces gagnent leur indépendance ; ce sont les « Provinces-Unies » : Gueldre, Hollande, Zélande, Utrecht, Frise, Overijssel et Groningue. La monarchie, instaurée en 1815, fait prendre au pays le nom de « Royaume des Pays-Bas ».

Comme souvent, le terme générique est une approximation. La Hollande représente en effet deux des douze provinces du pays – les Pays-Bas, nommés ainsi car beaucoup de terres (un quart) sont situées sous le niveau de la mer. Mais ces deux provinces sont les plus peuplées et les plus connues car les plus économiquement actives… On a donc pris l'habitude d'utiliser leur nom. C'est là une figure de style qu'on appelle une synecdoque, c'est-à-dire l'utilisation d'une partie (la Hollande) pour désigner le tout (l'ensemble du pays). Un peu comme on dit « une voile » pour évoquer le bateau tout entier, ou quand on parle de la Russie pour toute l'URSS. Enfin, ça, c'était avant. Je vous le dis, l'Europe, ça bouge tout le temps.

Oups, pardon, une seconde… On me signale dans l'oreillette que la Russie ne fait pas partie de l'Europe.

Jusqu'à preuve du contraire…

108

Pourquoi les cloches apportent-elles des œufs à Pâques ?

Qui n'apprécie pas la tradition pascale ? Cacher des œufs dans le jardin. Et les découvrir. Mais pourquoi attendre Pâques ? Pourquoi des œufs ? Pourquoi pas des petites fleurs, ou des nains en céramique ?

Tout commence par une histoire de cloches.

Au Moyen Âge, une fable voulait que les cloches des églises soient condamnées au silence entre le Jeudi saint et le Samedi saint. Comme elles n'avaient pas le droit de sonner, les cloches partaient en pèlerinage à Rome pour y rencontrer le pape. Après s'être confessées et s'être fait bénir, les cloches revenaient carillonner au pays le jour de Pâques. En rapportant avec elles des œufs, les célèbres œufs de Pâques.

Pourquoi des œufs ? Enfant, j'ai longtemps cru que c'était parce que l'œuf était pour les chocolatiers la forme la plus simple à fabriquer.

Hélas, à l'époque à laquelle remonte la belle légende, l'année 1519 relève de la science-fiction. L'Espagnol Ferdinand Cortes n'a pas encore rapporté du Mexique en 1519 la poudre de cacao. Bref, le chocolat n'existait pas au Moyen Âge. Les œufs de Pâques étaient de véritables œufs de poule.

Leur légitimité vient de plus loin encore. Pâques est la fête de l'Église chrétienne, en mémoire de la résurrection du Christ. La date de Pâques a été fixée en 325 par le concile de Nicée au premier dimanche après la pleine lune, qui a lieu soit le jour de printemps (21 mars), soit aussitôt après cette date. Fête mobile, Pâques oscille suivant les années entre le 22 mars et le 25 avril.

Ce qui en revanche ne varie pas, c'est que le jour de Pâques marque la fin du Carême, pénitence de quarante jours entamée le mercredi des Cendres.

Or, pendant le Carême, les Catholiques s'interdisent de manger de la viande et des œufs.

Seulement voilà. Les poules, elles, ne s'arrêtent pas de pondre pendant cette période de quarantaine. Les œufs s'accumulent. Les premiers, pondus au début du Carême, finissent même par pourrir. Le jour de Pâques, il en reste toutefois un très grand nombre bons à consommer. Comment les écouler ? Une famille n'y suffit plus… Voilà pourquoi les paysans en ont offert à tout le voisinage. Une vraie fête !

La coutume se généralisera dans le courant du XIXe siècle. Pour les enfants des villes, les confiseurs lanceront les œufs en chocolat. Payants cette fois. Une vraie trouvaille.

Jusqu'à preuve du contraire…

Pourquoi le maïs devient-il pop-corn ?

Le pop-corn est ce qui se rapproche le plus d'un petit miracle du quotidien : on jette dans une casserole quelques grains de maïs durs comme du bois et, en moins de temps qu'il ne faut pour le dire, on se retrouve avec un saladier plein de délicieux nuages sucrés, légers et croquants... Comment un tel prodige est-il possible ? N'importe quelle autre graine jetée dans les mêmes conditions dans une casserole se contente de brûler (essayez avec des noisettes ou des pépins de raisin). Pourquoi donc le maïs se transforme-t-il ainsi ? Qu'est-ce qui le différencie des autres ? Contiendrait-il un ingrédient mystère, un explosif interne ?

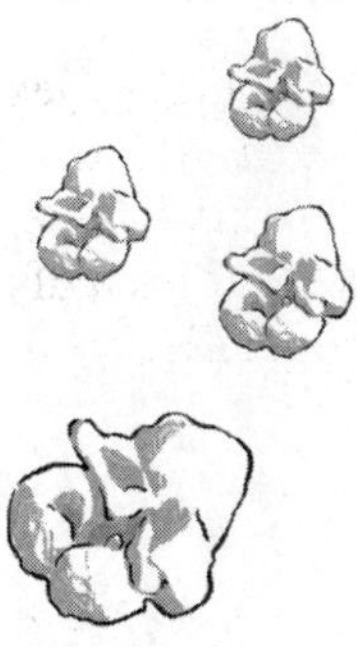

Ce n'est pas un explosif, mais tout simplement de l'eau. De l'eau, associée à une autre particularité : l'étanchéité de la capsule, qui est en grande partie composée d'amidon. Cet amidon est hermétique. Quand l'eau contenue dans la graine entre en ébullition, elle devient vapeur. Cette vapeur a besoin de plus de place que l'eau (dilatation des molécules), par conséquent, elle fait pression sur les parois de la graine.

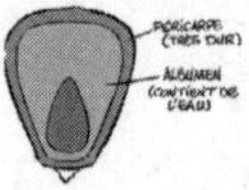

Arrivée à une certaine valeur la pression fait éclater les parois, tout en les ayant fait cuire. Le pop-corn est né ! Vive le pop-corn !

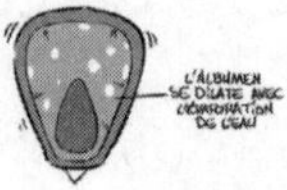

Résumons : le pop-corn, c'est l'équilibre idéal entre l'étanchéité et la chaleur. Je vous le disais, un petit miracle de l'existence.

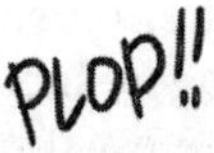

Jusqu'à preuve du contraire…

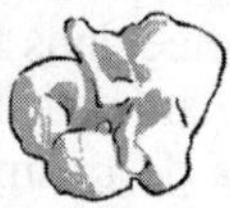

110

Pourquoi le renard des sables a-t-il les oreilles plus grandes que le renard ordinaire ?

Vous l'avez remarqué en feuilletant les planches couleur du dictionnaire : les renards qui vivent dans les pays chauds ont les oreilles plus grandes que leurs cousins des pays froids ou tempérés.

Voilà qui tracasse l'auditeur le plus blasé : pourquoi y aurait-il davantage d'événements sonores à écouter – pour un renard – dans le désert kabyle, plutôt que dans les forêts d'Europe centrale ?

Les Arabes l'ont baptisé fennec, un joli mot qui claque comme deux cailloux qui se froissent, et qui nous est resté. Le fennec a d'immenses oreilles, larges et hautes. Vu de face, on dirait qu'il a la grosse tête.

En fait, ces prodigieuses esgourdes ne lui servent pas tant à entendre le monde qui l'entoure, qu'à se rafraîchir.

Un délicat réseau de petits vaisseaux sanguins irrigue ses grand pavillons. À travers la peau fine, le sang cède une partie de sa chaleur. Cet afflux de sang chaud vers les tissus superficiels plus froids s'appelle le refroidissement par convection, une technique bien connue des zoologues, et des chauffagistes.

Dans la journée, le renard des sables reste à l'abri du soleil, et grâce à ses grandes oreilles, l'excès de chaleur qui pourrait nuire à sa santé est évacué.

Et la nuit, tous les renards sont gris.

Jusqu'à preuve du contraire…

111

Pourquoi le symbole *Peace and Love* est-il ☮ ?

Mais si, vous savez, le rond avec une ligne verticale, et un V inversé : le fameux ☮ que tout bon pacifiste arbore en pendentif, voire en boucle d'oreille. Il a fleuri partout dans le monde depuis les sixties, a été décliné, réutilisé par les stylistes en vue, dessiné sur des millions de cartables en toile... Allez, quoi, c'est le symbole de la jeunesse ! Enfin, en tout cas de la mienne.

C'est aussi le symbole de la lutte contre le nucléaire, et plus généralement du combat pour la paix universelle : faites l'amour pas la guerre, en voilà un programme qui était beau...

Mais d'où vient donc ce symbole ? Le rond de la Terre ? Et les barres ? Une tour Eiffel à trois pieds ? Le bonhomme de Léonard de Vinci stylisé ? Et manchot ? Hum, pas si simple...

Le créateur du logo, le designer britannique Gerald Holtom, était un ancien objecteur de conscience. En 1958, alors que s'organise une grande manifestation contre le nucléaire militaire, il convainc le Comité britannique contre la guerre nucléaire[1] d'adopter un logo, afin de rassembler, de mieux communiquer. Holtom se plonge dans un alphabet

1. DAC : Direct Action Commitee Against Nuclear War.

un peu tombé en désuétude, l'alphabet des sémaphores, qui permet aux marins – mais pas seulement – de communiquer à partir de la position des bras d'un homme figurant les lettres de l'alphabet. Ici, ce sont les lettres N et D qui sont stylisées, pour Nuclear Disarmament. Il choisit d'épurer le motif, et de superposer les lettres.

Son intuition est géniale : son logo va s'imposer dans le monde entier. Avec les années, sa signification évolue. À partir des manifestations contre la guerre du Vietnam, il est associé au slogan porté par les hippies et les pacifistes.

Au soir de sa vie (il est mort en 1985), Gerald Holtom dira regretter de n'avoir pas inversé le V, de manière à rendre le logo plus optimiste. La face du monde en aurait peut-être été changée.

Jusqu'à preuve du contraire…

112

Pourquoi les Rastas ont-ils des dreadlocks ?

Bob Marley avait lancé la mode, suivi par Jimmy Cliff, Lenny Kravitz, Yannick Noah, et peut-être même prochainement Harlem Désir, lui qui s'est tant intéressé aux mouvements de jeunes. Ces tresses qui ondulent au gré des coups de tête se nomment des «*dreadlocks*». Une traduction approximative aboutit à «mèches qui font peur». Peur à qui ? Vraisemblablement aux coiffeurs. Le mien leur reproche leur côté salissant.

Le Rasta n'en a cure. Et qui dit «Rasta» dit «*dreadlocks*». Et *vice versa*. Et réciproquement. Et pour quelle raison ?

Premier des Rastas, Marcus Garvey a le cheveu court. Dans les années 1920, ce prêcheur prône à Harlem le retour en Éthiopie, où règne le dieu vivant qui mènera le dernier combat contre le mal : l'empereur Ras Tafari, plus connu sous le nom de Haïlé Sélassié. À l'époque, pas de look rasta. Sur ses photos, Marcus Garvey pose plutôt au roi en exil, avec uniforme d'opérette et bicorne.

Il faudra attendre que le mouvement se développe en Jamaïque pour voir surgir les premiers Rastas, des rebelles des montagnes qui ont décidé que l'herbe était le seul Saint Sacrement. Dans les années 1940, ces hippies noirs qui vivent en communauté finissent par s'inventer une vraie religion, avec ses rites, ses obligations et ses croyances. Comme beaucoup de monde avant eux, les Rastas trouvent tout dans la Bible. La mention de la marijuana comme herbe sainte à fréquenter dévotement ; la confirmation écrite de la sainteté de Ras Tafari. Ainsi qu'une précieuse phrase, issue de nombres 6.5, qui prescrit le port du cheveu long, non peigné, en crinière de lion : « Aussi longtemps que le voué à Dieu sera consacré par son vœu, le rasoir ne passera pas par sa tête ; jusqu'à ce que se soit écoulé le temps pour lequel il s'est voué à Dieu, il sera consacré et laissera croître librement sa chevelure. »

D'un côté, ils pendent, de l'autre, il a des *dreadlocks* sur la tête.

Certains vieux sages traduisent joliment cette injonction : « Aucun objet tranchant n'approchera la tête du juste. »

Les ghettos urbains adoptèrent à leur tour le rasta farisme, avec sa lecture particulière de l'Ancien Testament qui voit dans l'Afrique sa Terre Promise et s'appuie sur les stricts principes du Pentateuque. La Bible leur enseigne « qu'ils ne se feront pas de tonsure sur la tête, ne se raseront pas le bord de la barbe et ne se feront pas d'incisions sur le corps » (Lévitique, 21).

Reste une question : pourquoi avoir tressé ces mèches folles ? Les Anciens vous répondront que c'est plus pratique, et moins encombrant.

Pour une fois, les Saintes Écritures n'y sont pour rien.

Jusqu'à preuve du contraire…

113

Pourquoi les Vikings sont-ils représentés avec des casques à cornes ?

Par Thor ! Dieu qu'ils sont impressionnants, les Vikings, et leurs casques à cornes ! Ces géants blonds embarqués sur des drakkars ont sillonné les mers du globe entre le VIIIe et le XIe siècle et auraient découvert l'Amérique avant même Christophe Colomb. Réputés pour leur vaillance au combat, voire pour leur sauvagerie, ils faisaient trembler l'Europe du Moyen Âge… Mais ils étaient aussi des partenaires commerciaux. Leur histoire a longtemps été occultée, d'autant qu'ils ne connaissaient pas l'écriture. Quand on les a redécouverts, au XIXe siècle, on les a représentés coiffés de casques à cornes. Or, toutes les recherches historiques attestent qu'ils n'en ont jamais porté ! Quelle drôle d'idée, cette interprétation du couvre-chef. Était-ce pour les rendre plus terribles encore ? Pour se moquer d'eux (subtil message concernant la fidélité de leurs femmes) ?

Cela provient plutôt d'une certaine confusion, en réalité…

Les Vikings, qui ont vécu entre le VIIIe et le XIe siècle, n'ont en effet jamais porté de casques à cornes… mais leurs ancêtres, si. À l'âge de bronze nordique, entre 1 500 et 500 avant J.-C., les Scandinaves portaient des casques surmontés de cornes pour les grandes occasions. Un peu comme les plumes des Amérindiens.

C'est à la fin du XIXe siècle que le mythe du Viking à casque à cornes est apparu. À cause de Richard Wagner, le génial compositeur allemand (1813-883). En plein âge d'or wagnérien, le musicien remet au goût du jour les légendes nordiques… et les cornes font irruption dans son folklore. Wagner, dans sa tétralogie du Ring, en coiffe les Walkyries. Il ne fait que s'inspirer là des auteurs anciens, grecs et latins, qui ont dressé des habitants du Nord les tableaux les plus effrayants possible, ce qui passait souvent par des couvre-chefs démesurés. Avec des cornes, mais aussi des ailes pour les femmes.

De nos jours, d'autres se sont emparés du mythe, comme le cinéaste Chris Crow pour son film *Drakkar*, ou encore Dik Browne dans sa bande dessinée *Hägar Dünor le Viking*. On retrouve aussi le casque à pointe dans des logos, comme celui de l'équipe de football américain les Vikings du Minnesota.

Au passage, profitons-en pour rejeter une autre idée fausse : celle de Wagner ami du IIIe Reich. Certes, les dignitaires nazis vénéraient sa musique. Mais lui ne leur a jamais rendu la pareille. Et pour cause : quand il meurt en 1883, Hitler n'était même pas né. Wagner n'était pas sourd, mais l'histoire est souvent source de malentendus.

Jusqu'à preuve du contraire…

114

Pourquoi y a-t-il tant de fenêtres murées sur les beaux immeubles parisiens ?

Comme Yves Montand, vous aimez flâner sur les Grands Boulevards. En levant la tête cependant, vous l'avez regretté : de magnifiques constructions haussmanniennes sont ornées d'une ou plusieurs fausses fenêtres en trompe l'œil, quand elles ne sont pas grossièrement murées.

Ailleurs, les immeubles plus modestes des quartiers populaires, tel le Faubourg Saint-Antoine, semblent avoir été épargnés par la chose, toutes vitres dehors.

Alors pourquoi cette faute de goût chez les riches exclusivement ?

Comme toujours chez les riches, c'est d'argent qu'il s'agit. Non point de décoration architecturale.

Le drame remonte au Directoire, quelques années après la Révolution française.

Le gouvernement voulait créer une taxe foncière, mais ne savait pas comment s'y prendre pour calculer les superficies. Le système métrique avait du mal à s'imposer.

Le législateur s'inspira alors de la *Window Tax* anglaise. Les propriétaires étaient taxés non pas en fonction de la superficie de leur bien, mais suivant le nombre de fenêtres dont ils disposaient, ce qui simplifiait les méthodes de calcul. La contribution des portes et fenêtres débarqua en France le 24 novembre 1798.

Mais aussitôt, de braves bourgeois – et de moins braves – firent murer chez eux une ou deux fenêtres… pour payer moins cher.

De l'histoire ancienne ? Pas du tout ! L'impôt sur les portes et fenêtres a subsisté plus d'un siècle : du Directoire jusqu'à la Première Guerre mondiale !

Le fisc, de nos jours, ne pourchasse plus les fenêtres ouvertes. Heureusement ! J'en connais qui se seraient barricadés dans le noir.

Jusqu'à preuve du contraire…

115

Pourquoi le système de comptage des points au tennis est-il si compliqué ?

Zéro, 15, 30, 40, avantage, jeu, set et match !

Sûr que c'est pas simple. Souvenez-vous des grandes heures de Roland-Garros à la télévision. Heureusement que le commentateur rappelait indéfiniment le score, sinon la France tennistique aurait été complètement perdue en revenant du réfrigérateur les bras chargés d'eau minérale naturelle pétillante bien fraîche (la bière, c'est pour les footeux).

Pourquoi les points ne sont-ils pas comptabilisés 0, 1, 2, 3 ? Pourquoi pas 2, 4, 6 comme au basket ? Pourquoi pas 100, 200, 300 comme au flipper ?

Pourquoi 15, 30, puis 40 ? Même pas une progression régulière…

Le tennis est l'héritier d'un jeu ancien, très en vogue au moment de la Révolution : le jeu de paume. Son principe s'apparentait à celui de notre tennis : il y avait un filet, deux joueurs (quelquefois plus), et une balle qu'il fallait renvoyer de l'autre côté du filet. Mais non pas avec une raquette, avec la main (la paume exactement).

Le premier manuel officiel du jeu de paume est celui de Manevieux : *Traité sur la connaissance du royal jeu de paume*, publié en 1784. Nous en connaissons donc parfaitement les règles.

À l'origine, les points se marquaient un par un, en toute logique mathématique. Sauf que le jeu de paume

se combinait à celui de « gagne-terrain ». Plus un joueur engrangeait de points contre son adversaire, plus il s'approchait du filet.

Quand il avait gagné son premier point, il avançait de 15 pieds (c'était une mesure de l'époque qui correspondait à peu près à un pied humain ; soit de nos jours un petit 42). Pour le deuxième point, il s'approchait encore de 15 pieds (ce qui faisait 30). Quand il gagnait une troisième fois, il s'approchait du filet de 10 pieds (ce qui faisait 40). Ensuite, comme il était très proche du filet, il avait beaucoup plus de facilité à passer la balle de l'autre côté ; on disait alors que le joueur avait « un avantage » sur son adversaire.

Et voilà, on s'y retrouve : 0, 15, 30, 40, avantage. Le comptage de base du tennis était né.

Au passage, le mot « tennis » est lui aussi issu du jeu de paume. Un jeu si prisé des gentilshommes qu'il avait franchi la Manche pour être adopté par les familles les plus huppées d'Angleterre. À Londres comme à Saint-Pétersbourg, l'usage dans la haute société consistait alors à parler le français plutôt que l'anglais ou le russe. Et « tennis » est une déformation de l'impératif « tenez » qui vous prévenait qu'on allait vous lancer la balle.

Deux jeux, deux langues : pas étonnant que l'on s'y paume.

Jusqu'à preuve du contraire…

116

Pourquoi les capuchons des stylos Bic sont-ils percés ?

Cessez de le mâchouiller et dépêchez-vous de l'observer : le Bic est composé d'un corps et d'un capuchon (que l'on perd généralement assez vite). Les deux parties sont percées d'un petit trou. Ce qui oblige, quand on utilise le corps en sarbacane une fois la mine retirée, à le boucher d'une main pour ne pas perdre de puissance. Oui, moi aussi j'ai joué à ça du CP au CM2, voire jusqu'en troisième. Voire jusqu'en terminale. Mais je m'égare.

Le trou qui nous intéresse, aujourd'hui, c'est celui du capuchon. Car pour le corps, il va de soi qu'il est percé pour une question de pression, afin que l'encre s'écoule sans peine. Mais le capuchon ? Pour en faire un sifflet ? Pour les enfiler en collier comme des perles à l'occasion de la fête des Mères ?

Non, c'est bien plus sérieux que cela. Et même tragique.

La raison de la présence de ce trou a des origines qui relèvent de la médecine d'urgence. Les trous dans les bouchons sont apparus dans le milieu des années 1980 : plusieurs enfants étant morts étouffés après avoir aspiré le capuchon.

Désormais, si l'on porte le capuchon à la bouche et que, machinalement, on aspire, il ne sera pas avalé : on aspire l'air mais le plastique est toujours tenu par les lèvres. Si, malgré tout, on inspire assez fort pour l'avaler, l'air peut continuer à passer dans la gorge grâce au trou, en attendant les premiers secours, ou carrément les urgences.

Mais on ne manque pas d'air !

Jusqu'à preuve du contraire…

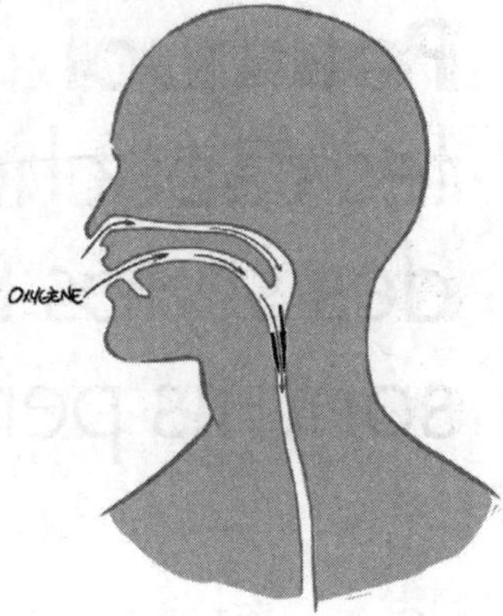

117

Pourquoi mesure-t-on les pierres et les métaux précieux en carats ?

Vous connaissez le point commun entre les truands notoires et les rédacteurs des gazettes mondaines : ils n'apprécient que l'or à 18 ou 24 carats, et accessoirement quelques diamants monumentaux bourrés de carats jusqu'à plus soif.

Mais qui était ce fameux Carat ? Un aristocrate ? Un nabab ? Un joaillier ? L'inventeur du diamant, comme Volta découvrit la pile électrique, et Watt la machine à vapeur ?

Non, c'est un fruit.

Le carat, vient du mot italien «*carato*», lui-même emprunté à l'arabe *qîrât*. Le terme «*qîrât*» signifiait à la fois graine de caroubier, et petit poids. C'est la graine séchée de la caroube. La caroube, c'est le fruit du caroubier. Et un caroubier, c'est un arbre méditerranéen. La caroube, césalpiniée à la pulpe très sucrée, ressemble à une gousse d'environ quinze centimètres de long. Les graines qu'elle renferme, les carats donc, ont une particularité : elles ont quasiment toujours le même poids.

Ceci explique cela. À l'époque où l'on n'avait pas de balances perfectionnées, on utilisait les carats comme contrepoids pour peser l'or et les pierres précieuses. C'est ce qu'on avait trouvé de plus fiable.

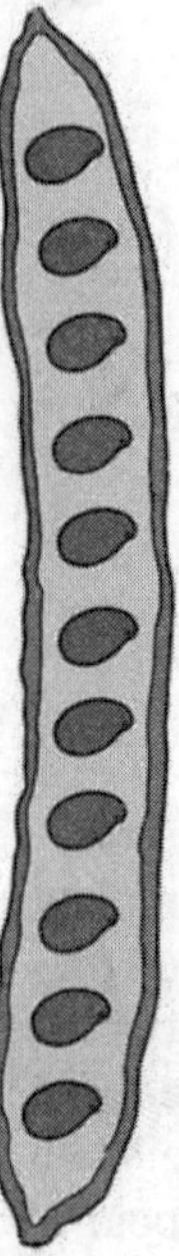

Jusqu'à 1912, le carat équivalait à 0,2055 g. Aujourd'hui, il s'est stabilisé à 0,2 g, système métrique oblige.

Et *quid* de l'expression « 24 carats » ? Pour quoi jamais 11 ou 25 carats ? Attention à ne pas confondre. Un carat correspondait également à chaque vingt-quatrième d'or fin contenu dans une quantité d'or. Tout ça parce qu'à La Mecque, du temps de sa splendeur vers la fin de notre Moyen Âge, le carat était la vingt-quatrième partie du denier. On ne pouvait faire ni plus, ni mieux.

La plus belle pierre du monde ne peut donner que ce qu'elle a.

Jusqu'à preuve du contraire…

118

Pourquoi les pipes en bois ne s'enflamment-elles pas ?

Rappelez-vous Popeye. L'heureux homme fumait la pipe. Coléreux, il engloutissait les épinards. Sa pipe crachait alors des flammes. Mais ne prenait jamais feu. Or, sa bouffarde était en bois. Et le bois, ça brûle. Si vous avez une cheminée, vous êtes bien placé pour le savoir. Alors ? Juste une question de physique.

Contrairement aux idées reçues, les pipes ne sont pas taillées dans un bois chimiquement traité. Quand on fume une pipe pour la première fois, elle brunit évidemment, elle brûle un peu, mais ne s'enflamme pas.

C'est que le bois brûle très mal. Ou plutôt, il brûle lentement. Sa combustion nécessite beaucoup d'oxygène, surtout s'il est très dense – ce qui est le cas de la bruyère dont on fait les pipes. (C'est pour cette raison qu'il faut bien souffler sur un feu de cheminée pour faire flamber les bûches.)

Pour que naissent des flammes dans votre pipe, il faudrait qu'une très grande quantité d'oxygène puisse être sans cesse renouvelée à l'intérieur. Ce qui reviendrait à la fumer avec une bonbonne d'air sous pression. Absurde.

Ensuite, au fur et à mesure que le tabac se consume, une couche de carbone se forme sur les parois internes du fourneau, et cette gangue servira de protection contre le feu. Le bois n'aura plus de contact direct avec l'oxygène

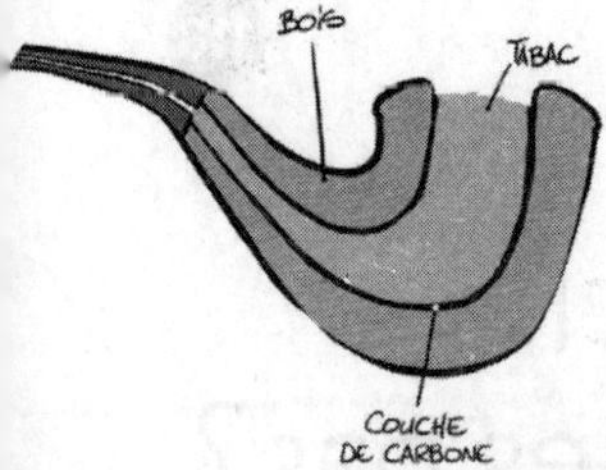

de l'air. Autant de raisons qui font que les pipes ne s'enflamment pas.

Mais j'entends d'ici se réveiller l'AFC (Amicale des fumeurs de calumet) : pourquoi ne pas directement fabriquer des pipes dans une matière qui ne brûle en aucune circonstance, comme le métal ou la pierre de taille ?

Eh bien, cela existe. On trouve des bouffardes en terre, en porcelaine, et même en écume, qui est le nom usuel de la magnésite, qui est le nom usuel du silicate. Mais ces engins-là trouvent difficilement preneurs. Car le bois présente encore deux avantages.

D'abord, il conduit très peu la chaleur. Le pipeur ne se brûle donc ni les doigts ni les lèvres.

Ensuite, en sus du cancer et de l'hostilité de l'entourage, un mal sournois guette le fumeur : le poids. Pas le sien, celui de la pipe. La pression exercée par le tuyau sur les incisives cause, à la longue, de réels dommages aux dents. Or, le bois pèse beaucoup moins que la porcelaine ; et les essences sélectionnées pour les pipes brillent également par leur légèreté.

La morale de l'histoire réjouira les amateurs de morale : il reste possible de faire un exposé sur la pipe sans un seul sous-entendu graveleux.

Jusqu'à preuve du contraire…

119

Pourquoi mange-t-on avec une fourchette ?

Vous l'avez tous remarqué, au moins à table. Pour ne prendre que deux exemples sélectionnés au hasard, les Chinois mangent avec des baguettes, et les Indiens maoris avec les doigts. Pour autant, ces deux peuples n'en sont pas moins raffinés. Ni affamés.

Alors pourquoi nous, Occidentaux (à l'exception notable des comédiens des films de Marco Ferreri), pourquoi disais-je, mangeons-nous avec une fourchette ?

L'usage nous en vient de la Renaissance, dans quelque cour d'Italie où les maîtres des lieux mangeaient avec leurs doigts, ainsi que dans toute autre principauté d'Europe.

Nous sommes aux alentours du XVe siècle. À cette époque, l'Italien est élégant (comme toujours), versatile (comme personne), et à la dernière mode (comme aujourd'hui).

Celle du moment était les fraises. Pas les succulentes *Fragaria dicotylédones* de nos jardins (à déguster sans sucre et par la queue), mais ces énormes collerettes blanches qui cernent le cou et confèrent à son propriétaire une grotesque majesté.

À force de se pousser du col, et pour cause, la haute société exigeait des fraises de plus en plus larges, sophistiquées, lourdes, et par conséquent encombrantes. Le jour vint où les fraises étaient devenues si grandes que les bras n'étaient plus assez longs pour parvenir à engloutir la nourriture.

Le génie italien aurait donc inventé la fourchette pour saisir les aliments et gagner les vingt ou trente centimètres nécessaires pour atteindre la bouche.

Les débuts (c'est le propre des débuts) furent héroïques. On rapporte que les convives étaient si maladroits que des laquais aidaient les gloutons à enfourner leur gigot entre les dents.

C'est ainsi que l'usage de la fourchette s'est généralisé en Europe, puis dans le monde civilisé, de Buckingham Palace aux cuisines de Bokassa.

Jusqu'à preuve du contraire…

120

Pourquoi les tornades frappent-elles principalement les États-Unis ?

Régulièrement, de magnifiques images qui font peur contaminent nos J. T. : des spirales impressionnantes vissant le ciel à la terre, grises, sombres, avancent à une vitesse incroyable en emportant tout sur leur passage : maisons, arbres, voitures… Suivies par des paysages de désolation, chaotiques et boueux. Tous les ans, des séries de tornades frappent les États-Unis avec violence.

En Europe, et davantage encore en France, ces images sont très rares. Mais pourquoi donc ? Est-ce parce que les télévisions américaines ont des caméras partout et des moyens techniques dont nos chaînes ne disposent pas (images d'hélicoptère ou d'avion). À moins que les phénomènes météorologiques ne répondent pas tous aux mêmes lois physiques ? Les conditions de leur apparition ne sont-elles pas les mêmes selon les continents ?

Eh bien, les lois sont les mêmes mais pas les continents.

Les tornades naissent de la rencontre de deux masses d'air : une masse très froide rencontre une masse très chaude et deux courants se forment, qui s'enroulent l'un autour de l'autre à cause des différences de pression entre les deux entités. Et ce sont ces différences qui font qu'il y a davantage de tornades en Amérique du Nord qu'en Europe, car elles y sont plus marquées.

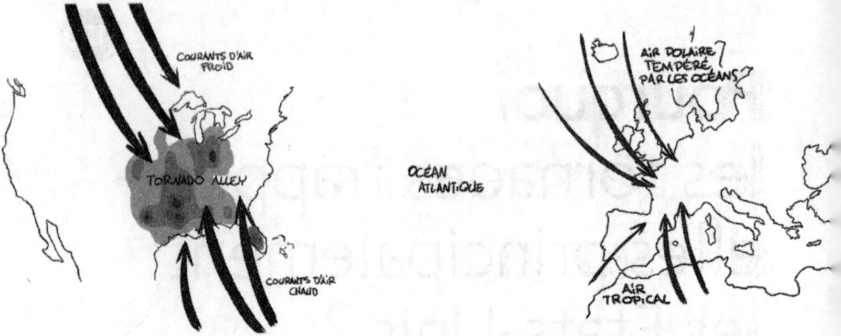

Ce qui protège notamment la France des tornades, c'est que la circulation des masses d'air se faisant d'ouest en est, celles qui nous abordent ont été tempérées par l'Atlantique. Les océans jouent en effet le rôle de régulateurs thermiques : au contact de l'eau, qui est en moyenne entre 10 °C et 15 °C, les masses froides se réchauffent et donc n'arrivent pas à des températures glaciales à la rencontre de masses chaudes.

Aux États-Unis, au contraire, les masses d'air qui déboulent sur la «*tornado alley*» (l'allée des tornades au centre du pays qui couvre entièrement les États du Missouri, de l'Iowa, de l'Arkansas, du Kansas et de l'Oklahoma) sont très loin des océans. Elles ne sont par conséquent pas tempérées et c'est ce choc thermique qui crée les tornades.

En France, certaines régions peuvent être concernées de manière exceptionnelle, quand de l'air glacé descend du pôle Nord. Mais elles ne dépassent pas 2 sur l'échelle de Fujita, avec des vents de 220 km/h maximum. Un adjectif caractérise les dommages causés. 0 : légers ; 1 : modérés ; 2 : considérables ; 3 : sévères ; 4 : dévastateurs ; 5 : incroyables. La première tornade de niveau 5 observée le fut d'ailleurs au Kansas en mai 2007. Les vents avaient dépassé les 320 km/h. Les dégâts ne sont pas encore tous réparés.

Jusqu'à preuve du contraire…

121

Pourquoi les bains sont-ils si relaxants ?

Vous le savez, vous en jouissez, le bain détend, délasse, repose, relaxe. Il arrive même qu'il nettoie… Par quel miracle un procédé aussi simple procure-t-il un tel plaisir ?

La présence de l'eau ? La pluie nous mouille tout autant.

La chaleur ? Le bain réchauffe les frileux, mais pas mieux que la douche. Et pas davantage qu'un lit avec kit complet : couette douillette, édredon rembourré et bouillotte brûlante.

La position allongée ? Certes, contrairement à la douche, cela joue. Mais cela ne suffit pas à expliquer les exceptionnelles propriétés apaisantes du bain. Car il y a bien d'autres endroits où s'allonger. S'étendre sur son lit, même une demi-heure, ça repose, je vous l'accorde ; mais rien de comparable à la félicité offerte par ne serait-ce que trente minutes de bain.

Alors, nommons le responsable : Archimède.

Si les bains nous relaxent autant, c'est grâce à lui. Vous connaissez le principe : tout corps plongé dans un liquide subit une poussée verticale, dirigée de bas en haut, égale au poids du liquide déplacé. En effet, lorsqu'on se trouve dans l'eau, dans une piscine par exemple, notre corps est repoussé à la surface des flots en vertu de ladite poussée. En deux mots : on flotte.

Dans le bain, même topo. La poussée d'Archimède nous porte. Si l'on ne flotte pas, c'est simplement parce que la baignoire n'est ni assez large, ni assez profonde pour nous immerger complètement.

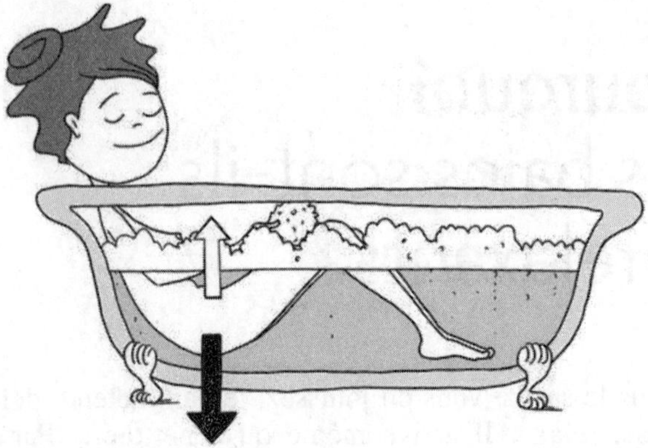

Cependant le résultat est identique : l'effet de la pesanteur s'atténue, on pèse moins lourd. Moins de pression sur nos muscles et sur nos articulations, et par conséquent moins de fatigue. On se trouve dans un état de semi-pesanteur. Autant dire de béatitude.

Celui qui accuse 80 kg sur la terre ferme ne pèsera plus que 25 kg environ dans son bain (cela dépend de la profondeur de la baignoire). L'élégante nymphette de 60 kg se sentira comme une sylphide de 19 kg.

Vous en doutez ? Vérifiez-le si vous avez encore une balance mécanique. Faites preuve de souplesse (au sens propre et figuré). Évitez le bain moussant : ça ne fausse pas les calculs, mais ça empêche de lire le cadran.

Jusqu'à preuve du contraire…

P.-S. : Par souci de clarté, nous avons volontairement indiqué les poids en kilogrammes, plutôt qu'en sthène ou en newton. Le kilogramme est une unité de masse, certes, mais essayez donc d'expliquer cela à quelqu'un qui attend que la salle de bains se libère…

Pourquoi le verre est-il transparent ?

Les quatre éléments : la terre, l'eau, l'air, le feu. Le feu est le père de tous. La terre est solide et opaque. L'eau et l'air laissent passer la lumière, mais glissent entre les doigts. Le verre stoppe le vent, la flèche de l'ennemi, parfois même les balles, mais pas la lumière du feu. Mystère de la matière, que même les alchimistes n'avaient pas résolu.

Jules César et Cléopâtre connaissaient déjà ce prodige qui nous semble ordinaire : regarder à travers une vitre. Contempler la couleur de son cocktail ou les grands poissons des aquariums géants… Le verre fait à ce point partie de notre quotidien que nous n'y prêtons plus attention. C'est une donnée de base, comme la blancheur de la neige[1] ou les fautes de syntaxe des footballeurs.

Pourtant, cette transparence est rarissime parmi les corps solides. Le métal, la pierre, le bois, la plupart des matériaux ne sont pas transparents. Parfois seulement translucides, comme l'obsidienne, que l'on peut trouver près des volcans…

Schématiquement, la lumière présente deux propriétés : ondes et particules (les fameux photons). La transparence de l'air relève à la fois de l'aspect corpusculaire et de l'aspect ondulatoire.

1. Voir question n° 56.

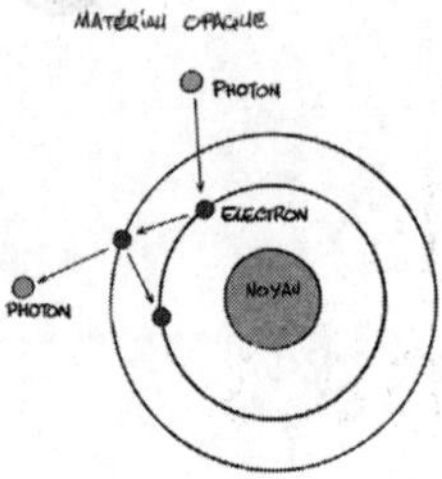

La raison physique pour laquelle le verre est transparent, autrement dit que la lumière passe à travers, se situe à l'échelle atomique : les niveaux où sont les électrons par rapport au noyau ne permettent pas aux photons (la lumière) de les percuter. Pour dire les choses différemment, même si le verre est solide, ses atomes y sont disposés de manière aléatoire, comme dans un liquide ; rien de comparable aux structures cristallines, très ordonnées. Et c'est ce désordre qui laisse passer la lumière.

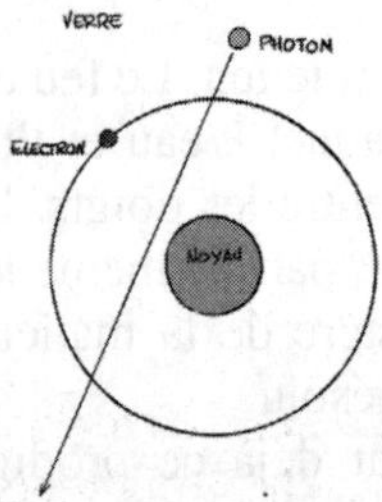

Dans le cas d'un objet coloré, les électrons percutés seront ceux qui correspondent à la longueur d'onde de leur couleur. Ainsi, un objet rouge laisse passer toutes les autres longueurs d'onde. Seul l'électron estampillé « rouge » sera déplacé vers l'extérieur. Pour reprendre sa place, l'électron émet un photon identique à celui qui l'a percuté. Donc, en ce qui concerne le verre, aucun photon n'a la bonne longueur d'onde… au moins pour notre œil. Mais les UV, par exemple, ne passent pas. C'est la raison pour laquelle on ne bronze pas dans le train ou derrière le pare-brise d'une voiture. À cause de sa structure interne désordonnée, identique à celle d'un liquide (alors qu'il est solide), les scientifiques ont qualifié le verre de « matière amorphe ». Un peu comme si l'eau ne mouillait pas !

Jusqu'à preuve du contraire…

123

Pourquoi les pirates sont-ils toujours représentés avec un foulard sur la tête ?

Souvenez-vous des récits de marine que nous dévorions quand nous étions enfants. L'océan. Un riche trois-mâts. Les pirates au loin. Le capitaine et son chapeau à plumes. La malle emplie de bijoux et de pièces d'or. Et ces maudits pirates, sabre au poignet, un foulard (à tête de mort ?) noué sur le front. Comme l'infante d'Espagne, on avait une peur bleue.

Au fait, les foulards, c'était leur uniforme ? Ou pour faire peur à l'ennemi ?

Pas d'uniforme chez ces malfrats. Ils s'habillaient comme ils le voulaient. Ou plutôt comme ils le pouvaient. Le pirate choisissait ses nippes en fonction de ses richesses personnelles. Mais le plus souvent, il ne choisissait pas. Il se servait sur place pendant les pillages des navires marchands, à la grande époque de la piraterie, aux alentours du XVIIe siècle.

Son foulard n'était absolument en rien le signe d'une distinction honorifique, mais une véritable protection.

Souvent mouillé – d'eau de mer ou de sueur –, le foulard prévenait les insolations. Il protégeait en cas d'incendie (les pirates incendiaient souvent les bâtiments qu'ils prenaient à l'abordage).

Pendant le combat, le foulard interceptait les éclats de bois qui volaient, notamment en cas de coups de canons. Il arrivait même qu'il protège le crâne de son propriétaire d'un coup de sabre mal appuyé.

Ce n'est pas tout. Le foulard remplissait également les basses tâches domestiques : il servait de torchon pour la vaisselle, de serviette pour la toilette, de pansement après les batailles… et même de mouchoir !

Répugnant ? Très élégant, au contraire, de se moucher dans son foulard. Je l'ai vu faire chez Hermès.

Un «*must*», comme ils disent chez Cartier.

Jusqu'à preuve du contraire…

124

Pourquoi aime-t-on se frotter les yeux ?

Toute rouge de la feuillée
La lune sort et monte aux cieux
Comme une enfant mal éveillée
Qui, bâillant, se frotte les yeux.

Guy de MAUPASSANT,
« Les Nuits de Musset » (Poème de jeunesse)

On les frotte en se réveillant, quand on a envie de se coucher, quand on a beaucoup travaillé, quand on se détend... Bref, toutes les occasions sont bonnes pour se masser les yeux. C'est agréable... On effectue de petits mouvements circulaires, dans un sens ou dans l'autre, en appuyant légèrement sur les globes oculaires, et on en conçoit une détente que l'on cherche à retrouver en répétant le geste.

Mais pourquoi en tirons-nous un tel bienfait ? Pourquoi ce geste est-il partagé par toutes les cultures ? Par les bébés comme par les chats ? Est-ce parce qu'en appuyant sur les yeux, on en voit de toutes les couleurs... comme un spectacle psychédélique gratuit ?

Hum... en fait, cela n'a rien de gratuit.

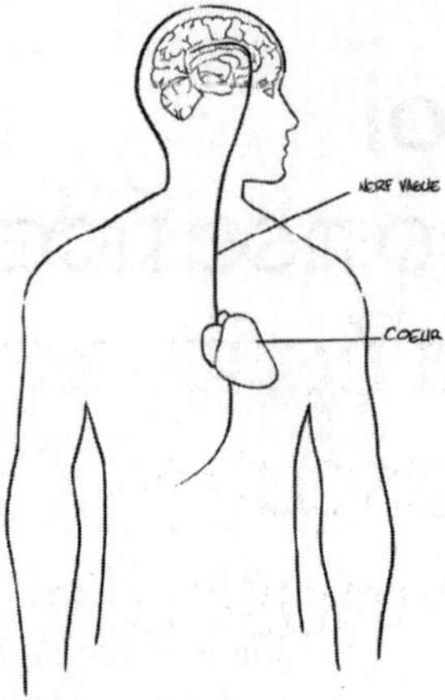

Le fait de se frotter les yeux a une action physiologique précise, qui explique son caractère agréable : cela permet de faire baisser son rythme cardiaque. En effet, une pression sur les globes oculaires entraîne une activation réflexe du nerf vague, nerf qui innerve le cœur, ce qui a pour conséquence la sécrétion d'un neurotransmetteur, l'acétylcholine, qui fait diminuer la fréquence cardiaque. Mais ce n'est pas sa seule action : ce neurotransmetteur est fondamental pour le bon fonctionnement du cerveau, aidant notamment la mémoire.

Les liens entre le cœur et le cerveau sont nombreux. L'image traditionnelle du cœur organe des sentiments, que l'on croyait totalement obsolète, est en quelque sorte réhabilitée par les dernières recherches. On a prouvé que le cœur possède la faculté de libérer des hormones ayant une action sur les sentiments. On y trouve par exemple 10 % d'ocytocine, l'hormone de « l'amour et de la joie de vivre », le reste se trouvant dans le cerveau (hypophyse et hypothalamus). Ainsi une émotion peut-elle naître directement du cœur…

Nous n'avons pas fini de nous frotter les yeux !

Jusqu'à preuve du contraire…

125

Pourquoi utilisons-nous deux sortes d'écriture : les majuscules et les minuscules ?

L'alphabet comporte vingt-six lettres, vous le savez. Mais souvenez-vous : quand vous avez appris à lire et à écrire, vous avez dû en mémoriser cinquante-deux. Le double ! Chaque lettre s'écrivait – et s'écrit toujours d'ailleurs – de deux façons différentes. En maternelle, les petits appellent ça les lettres « bâton » et les lettres « attachées ». Autrement dit les MAJUSCULES et les *minuscules*...

Aurait-on pu se passer de l'une de ces deux graphies ? Pourquoi avoir compliqué la chose ? Par souci d'esthétique pour enjoliver les ouvrages ? Par souci grammatical pour mieux structurer la phrase ?

Par souci d'économie.

À l'époque du latin, nos quelques ancêtres qui savaient écrire le faisaient seulement en lettres capitales. En réalité, à proprement parler, ils n'écrivaient pas : ils gravaient les mots sur de la pierre ou du bois, à l'aide d'un burin ou d'un ciseau.

Plus tard, l'homme apprit à écrire sur du papyrus et mieux, sur du vélin, un parchemin de grande qualité préparé à partir de la peau de veau mort-né.

Or, le papyrus était rare, et le vélin coûtait cher.

Alors, sous Charlemagne, des moines bénédictins se sont attachés à modifier leur écriture pour la ramasser, la concentrer, en dessinant de nouvelles formes de lettres, plus petites. Ainsi, les copies des textes latins qu'ils réalisaient occupaient moins de surface. D'où de substantielles économies de papyrus et de vélin.

Entre avares et érudits, la pratique de l'écriture en minuscules s'est rapidement transmise. Et l'invention de l'imprimerie, en 1454, l'a consacrée.

Jusqu'à preuve du contraire…

Pourquoi le fouet claque ?

Ah ! Zorro arrive et d'un coup de fouet sonore désarme son adversaire ! Pour les plus jeunes, on peut remplacer Zorro par Indiana Jones… enfin, les un peu plus jeunes… Et il y a aussi les cow-boys qui font avancer les vaches, et que sais-je encore ! Le point commun, c'est qu'ils font claquer leur fouet de manière impressionnante. Mais pourquoi ces lanières parviennent-elles à produire un bruit sec comme celui du claquement ? Dans leur grande habileté, ceux qui les manient parviendraient-ils à faire en sorte que le bout du fouet entre en collision avec lui-même ? Ce serait vraiment un tour de force… Mais alors les personnes inexpérimentées n'arriveraient jamais à un tel exploit. Pourtant, faire claquer un fouet est à la portée de tout le monde.

L'explication de ce phénomène intéresse les physiciens depuis le XIXe siècle. Dès 1887, les Autrichiens Ernst Mach et Peter Salcher postulent qu'un projectile qui va plus vite que le son engendre une onde de choc. (Pour mémoire, la vitesse du son est de 1 224 km/h, soit 340 m/s au niveau de la mer.) Dès lors, beaucoup de chercheurs vont tenter de le démontrer, voire de l'observer.

En 1927, Zéphyrin Carrière construit un fouet mécanique pour mesurer les vitesses de départ et d'arrivée grâce à un système d'étincelles et de délai

de déclenchement… un peu compliqué, et pas assez fiable. Finalement, ce sont des Américains qui vont venir à bout du mystère, en 1958, grâce à une caméra filmant 4000 images par seconde. Ils embauchent des artistes de music-hall car ils sont capables de faire claquer leur fouet toujours au même endroit : pratique pour filmer !

Du point de vue physique, il se passe la chose suivante : l'énergie cinétique accumulée se concentre dans le « coude », la portion mobile créée par le mouvement du poignet. C'est ce qui lui permet d'atteindre une vitesse qui peut avoisiner, quand un costaud s'y met, deux fois la vitesse du son. Des chercheurs allemands de l'institut Fraunhofer ont calculé qu'une vitesse de départ de 20 m/s permet à l'extrémité du fouet d'atteindre la vitesse du son. Voilà pourquoi les fouets ont le manche si long : pas pour faire joli, mais pour agir comme une fronde.

Pas de quoi fouetter un chat.

Jusqu'à preuve du contraire…

127

Pourquoi y a-t-il des embouteillages sans raison ?

Première, seconde, seconde, première, arrêt… Grrr ! Encore un embouteillage, et rien qui l'explique ! Quand nous étions enfants, mon petit frère s'interrogeait : Mais il fait quoi, le mec de devant ?!? Rien. Le mec de devant n'existe pas. C'est ce que l'on appelle un bouchon sans cause, ou encore un « bouchon fantôme ».

La circulation automobile a des secrets sur lesquels de très nombreuses équipes de chercheurs se sont penchées. Modéliser la circulation présente non seulement un intérêt théorique – le plaisir de comprendre – mais également pratique, puisqu'améliorer le trafic réduit les risques d'accidents, atténue la pollution, et soulage les nerfs.

La circulation automobile peut être modélisée sur le principe de la propagation des ondes, ou encore de la mécanique des fluides. Les chercheurs du MIT (*Massachusetts Institute of Technology*) expliquent les « bouchons fantômes » par un simple incident en amont, minime, le coup de frein d'une seule voiture.

Dans une circulation dense, ou simplement si les distances entre les véhicules ne sont pas assez importantes, un conducteur qui verra une voiture freiner devant lui va avoir pour réflexe de freiner lui aussi, normal, mais avec un peu plus de vigueur que celui qui le précède.

Chaque véhicule procédant ainsi, une onde se crée : la

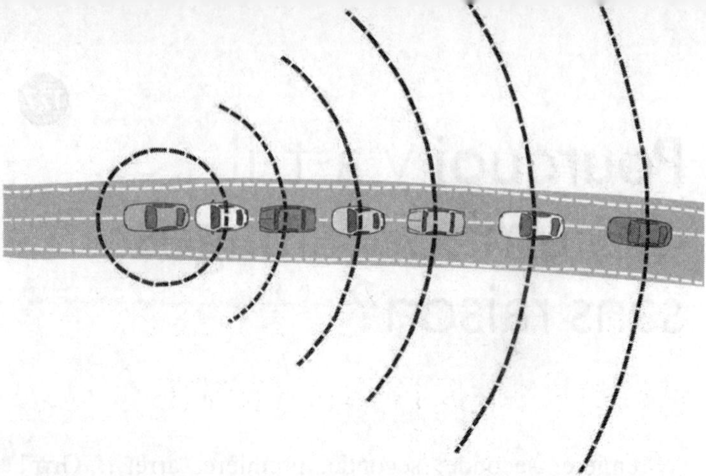

vitesse des véhicules décroît jusqu'à l'arrêt complet. Le laps de temps entre le redémarrage de chaque véhicule augmente, accentuant la « vague » : la première voiture met par exemple une seconde à repartir. Celle qui la suit attend de la voir rouler avant de repartir, augmentant le temps à trois secondes… et ainsi de suite. On estime que la vitesse de propagation de cette onde – qui avance dans le sens contraire de la circulation, bien sûr – est de vingt kilomètres par heure.

Les chercheurs de l'université d'Exeter ont, eux aussi, mis en évidence les types d'incidents qui peuvent créer ces bouchons, en déterminant les conditions propices. Sur une autoroute où la densité de circulation dépasse quinze véhicules par kilomètre, si un camion déboîte pour en doubler un autre alors qu'une voiture est trop proche, un bouchon a toutes les chances de se créer. Ou encore lorsqu'un automobiliste ralentit sans raison, parce qu'il téléphone, par exemple. Au-delà donc des capacités du « tuyau » que représente une autoroute (6600 véhicules par heure pour une trois-voies), le comportement individuel a donc un impact non négligeable sur la circulation.

À méditer lorsqu'on fulmine dans les embouteillages.

Jusqu'à preuve du contraire…

128

Pourquoi les pigeons balancent-ils la tête quand ils marchent ?

On a tous failli en écraser un, un jour, de ces pigeons qui, l'air toujours un peu ahuri, traversent la rue devant les roues de la voiture – en marchant alors qu'il pourrait s'envoler ! – et manquent chaque fois de se faire écrabouiller. (À vrai dire, on peut le constater sur les chaussées des grandes villes, ils n'échappent pas toujours à leur destin…) Ils ont cette façon inimitable de balancer la tête d'avant en arrière qui donne le tournis, ou qui agace. Et l'œil rond qui ne met pas en valeur leur intelligence…

Ces oiseaux ont-ils au sol des problèmes d'équilibre ? Peut-être, à la manière de certains autistes, cherchent-ils ainsi à se bercer ? Hum, c'est un peu tiré par les… plumes. Non, en fait, l'explication redore un peu le blason du pigeon souvent synonyme de benêt.

Comme on le voit sur ce ralenti décomposé, la tête n'oscille pas mais, au contraire, est la partie du corps qui reste la plus stable. Bien sûr, quand on observe un pigeon dans la rue, sa démarche est trop rapide pour que l'on parvienne à décomposer le mouvement à l'œil nu… La raison de cette manière de se déplacer est liée au fait que l'œil du pigeon est fixe. Il ne peut bouger dans son orbite comme le nôtre.

Par conséquent, il ne peut suivre et compenser le mouvement de la marche. Alors, pour ne pas rester tout le temps dans le flou, le pigeon stabilise sa tête de la manière la plus efficace possible. À noter que les poules suivent le même principe. Et qu'elles ont la même réputation d'intelligence que les pigeons. Pas toujours méritée. On se fait beaucoup d'idées fausses à ce sujet d'ailleurs. Je connais un type qu'une poule a pris pour un pigeon. Et elle le fait toujours marcher…

Jusqu'à preuve du contraire…

129

Pourquoi n'arrive-t-on pas à savoir si la Joconde sourit ?

« La Joconde sourit parce que tous ceux qui lui ont dessiné des moustaches sont morts. » André Malraux avait une bonne intuition. Le sourire de la Joconde est certainement l'un des sujets qui a fait couler le plus d'encre sur la planète.

Tout le monde s'est penché sur le sujet, des critiques d'art, des cars de Japonais, mais aussi des médecins. Ainsi Charles Bell, un Américain du XIXe siècle, a-t-il « découvert » chez Mona Lisa les signes évidents d'une paralysie faciale périphérique... On a aussi parlé de syphilis, de problèmes de foie, voire de stress post-traumatique. Car le fond du problème, avant même de déterminer la cause de son sourire, c'est que l'on n'arrive pas à se mettre d'accord pour savoir si effectivement, oui ou non, elle sourit... Son expression est ambiguë.

Une chercheuse, américaine elle aussi, Margaret Livingstone, neurologue à Harvard, a déterminé que notre système de vision est responsable de ces atermoiements.

Observons.

Lorsque nous regardons le haut du visage, que nous fixons Mona Lisa dans les yeux, les ombres du reste du visage sont perçues par notre vision périphérique qui croit alors

déceler un sourire. Mais lorsque nous regardons directement les lèvres, nous ne le voyons plus vraiment. Car nous faisons alors appel à la région centrale de la vision, celle qui s'attache aux détails et aux couleurs.

C'est bien la technique de Léonard de Vinci qui induit l'hésitation. Ce fameux *sfumato* qui vient d'être étudié de près. Grâce au spectromètre à rayons X, il a été possible de l'analyser sans faire de prélèvements de peinture. Philippe Walter, directeur du Laboratoire du centre de recherches des Musées de France, explique la technique du peintre : « Il a superposé plusieurs couches, et notamment pour faire les ombres, cet effet qui va donner le sourire, le relief du visage… une technique que l'on appelle le glacis. » Il note aussi que les couches de peinture successives sont d'une finesse extrême, à tel point que l'on ne parvient pas à voir la trace du pinceau…

À noter que *La Joconde* est parmi les premiers modèles de l'histoire de la peinture à sourire… ou pas.

Jusqu'à preuve du contraire…

130

Pourquoi les manèges tournent-ils dans le sens inverse des aiguilles d'une montre ?

Dieu que j'ai fière allure sur mon destrier ! Le dos raide, la tête droite. Et dans mon avion ! En tirant sur le manche, je monte et je descends, les cheveux dans le vent… du Jardin d'Acclimatation ! Eh oui, j'ai quatre ans ! Je m'amuse sur un manège, qui tourne inlassablement, dans le sens inverse des aiguilles d'une montre. Les mamans sont assises sur le côté, et elles regardent leurs montres, puis leurs bambins qui, eux, tournent dans le sens inverse des aiguilles d'une montre.

Il paraît que l'on combat le mal de mer ainsi… Tsss ! Remontons aux origines, à la naissance des attractions foraines. C'est dans les années 1870 que sont construits les premiers manèges forains. Ils tiennent leur nom des manèges équestres, bien sûr, et en empruntent également les chevaux, qui vont servir de sièges. Depuis le xvie siècle, on donnait des spectacles avec des chevaux tournant au bout d'une longe.

Mais alors, ce sens de rotation ?...

Le sens de rotation répond à deux exigences. Tout d'abord, le plaisir. Comme il s'agissait d'amuser le public – essentiellement adulte pour commencer –, les forains s'inspirèrent de la chevalerie et agrémentèrent leurs manèges d'un jeu : attraper un fanion ou un pompon. Cela demande de l'habileté… donc la main droite.

Le fait de placer la main droite vers l'extérieur a un autre avantage. Cela permet de saluer les amis restés sur le bord. Dans le même état d'esprit, un manège qui tourne dans le sens inverse des aiguilles d'une montre va dans le sens de la circulation classique : on tourne la tête vers la gauche pour voir arriver les montures. C'est donc plus naturel pour les spectateurs. Sauf en Angleterre et dans les pays qui roulent à gauche.

Jusqu'à preuve du contraire…

131

Pourquoi les femmes ouvrent-elles grand la bouche quand elles se maquillent les yeux ?

Quel que soit votre sexe, vous l'avez constaté en admirant Michel Serrault dans *La Cage aux folles*. Les femmes ouvrent la bouche comme un four pour se parer les cils de mascara.

Bizarre. Elles ne se maquillent pas les dents, pourtant. Pour comprendre, j'ai posé cent fois la question aux jolies femmes de mon entourage (et même aux moches, pour vous dire si ça fait du monde). Toutes affirment que c'est un réflexe. Quel genre de réflexe ?

Lorsque nous étions enfants, nous tirions la langue – au sens propre et au sens figuré – quand nous devions réaliser une prouesse : colorier un dessin, tracer à l'encre un *W* majuscule, construire une locomotive en Lego. Selon les pédiatres, cette attitude avait pour but de nous aider à nous concentrer sur ces tâches dantesques.

Le fait d'ouvrir la bouche pourrait n'être donc qu'une réminiscence de ce « tirage de langue » enfantin. Mais cette hypothèse suscite deux objections : pourquoi, dans ce cas, les femmes ouvrent-elles la bouche, plutôt que de tirer la langue ? Et surtout : pourquoi ouvrent-elles la bouche quand elles s'occupent de leurs cils et non plus lorsqu'elles tentent d'autres opérations délicates, comme enfiler une boucle d'oreille ?

Un réflexe idiot, disent les misogynes. Un réflexe inconscient, concède l'esthéticienne du coin qui a fermé boutique avant qu'on ait eu le temps de lui faire remarquer qu'un réflexe conscient ne serait plus un réflexe. En tout cas, le misogyne et l'esthéticienne se rejoignent sur un point : dames et demoiselles n'ouvrent pas la bouche par hasard.

Homme ou femme, savez-vous ce que nous faisons chaque jour des milliers de fois sans nous en rendre compte ?

Cligner des yeux.

Un acte qui ne dérange rien ni personne. Sauf… celle qui a besoin de s'enduire les cils de mascara. Or, ouvrir la bouche en grand atténue fortement le réflexe de clignement des yeux. Essayez devant votre glace pour vous en convaincre.

D'autre part, quand vous écarquillez la bouche, Mesdames, vous étirez et contractez les muscles de la face, des joues, mais aussi des paupières. Vos longs cils restent ainsi parfaitement immobiles. Vous pouvez enfin vous apprêter avec le soin que demande votre chère personne.

Mais pas votre cher mari, impatient, qui vous attend pour sortir.

Jusqu'à preuve du contraire…

132

Pourquoi, quand on marche sur du sable mouillé, il paraît plus sec dès qu'on enlève le pied ?

Main dans la main, yeux dans les yeux, les quatre pieds sur le sable, nous parcourons la plage au coucher du soleil. Quand nous nous retournons, la trace de nos pas s'est inscrite dans le sable humide. Comme c'est romantique… En y regardant de plus près, nous pouvons revenir à des considérations plus terre à terre : les traces sont sèches ! Pour en être bien sûr, nous martelons le sable autour de nous : chaque endroit où nous avons posé un pied s'est asséché. Incroyable ! On aurait plutôt tendance à penser que, comme avec une éponge, la pression ferait ressortir l'eau… La plage est grande et la balade romantique devient une expérience passionnante ! Mais où va donc l'eau ?

En réalité, les grains de sable sont loin de ressembler à des éponges ! Ils ne retiennent pas l'eau, puisqu'ils sont durs. Pour filer la métaphore culinaire : rien à voir avec la semoule du taboulé qui, elle, absorbe l'humidité. C'est évidemment entre les grains de sable que l'eau se cache. Ce qui se produit là peut être modélisé avec des billes.

Quand on appuie sur un empilement de billes, la pression se répercute en dessous : les billes du haut poussent le rang inférieur, et ainsi de suite, amplifiant à chaque strate l'espace entre les billes. L'eau, dès lors, s'infiltre vers les couches les plus basses, là où il y a le plus de place. Et, par conséquent, le dessus devient plus sec.

Les amoureux n'ont pas fini d'assécher les plages au coucher de soleil.

Jusqu'à preuve du contraire…

133

Pourquoi l'emblème de la France est-il le coq ?

Allons z'enfants de la pa-tri-i-eu!... [Refrain connu.]

Je l'avoue, il m'arrive d'être un peu chauvin de temps en temps. C'est vrai qu'ils nous font parfois battre le cœur, dans les compétitions internationales, les sportifs français avec leur coq sur la poitrine (et une étoile en prime dans le cas de nos footballeurs, dont le Q.I. approche même parfois celui de la volaille).

Le premier document où le coq représente la France est une médaille de 1665 pour la libération du Quesnoy. On peut y lire cette inscription : « Le coq français met en fuite le lion espagnol. »

Sous la monarchie de Juillet comme la Deuxième République, le coq devient emblème officiel et apparaît sur les drapeaux des régiments. Il figure sur le sceau de la République depuis 1848 : la Liberté assise tient un éventail orné d'un coq.

Drôle d'idée d'avoir élevé le mari de la poule au rang de symbole de la nation : c'est un volatile arrogant, braillard, paniquard. Pas plus haut que le genou d'une vieille, il sait à peine voler.

Nos amis anglais ont leur explication : les Français ont choisi le coq comme porte-drapeau parce qu'il est le seul animal qui soit capable de chanter les deux pieds dans la merde...

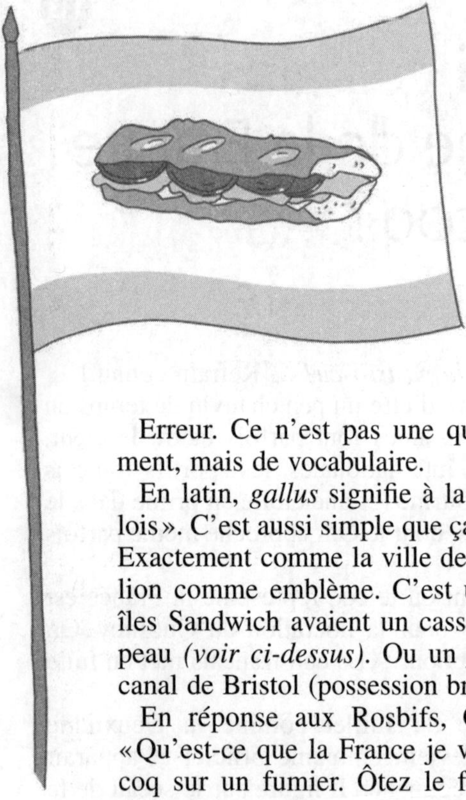

Erreur. Ce n'est pas une question de comportement, mais de vocabulaire.

En latin, *gallus* signifie à la fois « coq » et « gaulois ». C'est aussi simple que ça. Un jeu de mot latin. Exactement comme la ville de Lyon qui a choisi un lion comme emblème. C'est un peu comme si les îles Sandwich avaient un casse-croûte sur leur drapeau *(voir ci-dessus)*. Ou un jeu de fiches pour le canal de Bristol (possession britannique).

En réponse aux Rosbifs, Cocteau a répliqué : « Qu'est-ce que la France je vous le demande ? Un coq sur un fumier. Ôtez le fumier, le coq meurt. C'est ce qui arrive lorsqu'on pousse la sottise jusqu'à confondre tas de fumier et tas d'ordures. »

Le même Cocteau qui avait vu juste : « Un Français, c'est un Italien qui fait la gueule. »

Jusqu'à preuve du contraire…

134

Pourquoi certains portent-ils les pantalons bas sur les fesses, avec le caleçon apparent ?

Les parents le craignent ou le subissent : voir leur garçon avec le pantalon descendu au bas des reins, voire au milieu des fesses, de sorte qu'on voie largement le calbut en coton. Les ligues de vertu s'indignent. Le prof de gym se désespère : cela rend la course presque impossible – ou en tout cas hautement ridicule, façon pingouin. Et pourtant, la mode perdure… On en rira dans trente ans, mais pour l'instant, les ados lèvent les yeux au ciel quand on leur fait remarquer que c'est très moche. « OK, m'man, c'est peut-être cheum, mais c'est la mode ! »

Mais d'où vient donc cette frénésie ? Comme toutes les autres modes, du besoin des ados de se démarquer des précédentes ? Mais ce n'est qu'une partie de l'explication… Car il y a des raisons sociologiques à cette tenue débraillée. Comme souvent, la source est à aller chercher aux États-Unis.

En Amérique, l'incarcération s'accompagne – comme en France d'ailleurs – de la confiscation temporaire de tout ce qui pourrait servir à se suicider : ceinture, lacets… Quand on porte des pantalons larges, comme c'est la mode chez

les « bad boys » du Bronx ou des ghettos de Los Angeles, la conséquence est qu'ils tombent sur les fesses si on ne les retient pas. Et comment les retenir si on est menotté ?... C'est ainsi qu'est né ce style (ou cette entorse au style) : porter le falzar sans ceinture, pour montrer qu'on est un dur, qui a déjà connu l'arrestation puis la prison. En anglais, on appelle ça des *saggy pants*, du verbe *to sag* : s'avachir, s'affaisser.

Les artistes hip-hop ont adopté ce look au début des années 1990, tels Ice-T et Too Short, pour se donner des airs de durs et d'affranchis. En 1992, ce style *Gangsta rap* est récupéré par le groupe Kris Kross, deux gamins dont le premier CD s'est vendu à 4 millions d'exemplaires. Ils n'ont que douze ans, et n'ont évidemment pas connu la prison. À partir de 1995, la mode gagne la rue et conquiert les petits Blancs – et même les skateurs qui détestent le rap.

Les marques de *men underwear* se ruent sur le filon. Impossible de les rater : c'est à qui écrira en plus gros son logo sur le caleçon.

Jusqu'à preuve du contraire...

135

Pourquoi y a-t-il 90 départements ?

Je sais, j'ai écrit « 90 » alors qu'en réalité, la France comporte 101 départements, depuis le vote des habitants de Mayotte qui ont quitté leur statut de territoire d'outre-mer pour devenir un département à part entière.

Mais je repense avec nostalgie au jeu des plaques minéralogiques, invention des parents pour faire passer le temps en voiture quand les consoles de jeu n'avaient pas encore été inventées. La liste allait de 01 (Aisne) à 90 (Territoire de Belfort), en passant par 75 (Parigots têtes de veau). À cette liste s'ajoutaient les départements de banlieue parisienne et des Dom-Tom, mais ils étaient hors concours, car l'ordre alphabétique n'y était plus respecté.

Pourquoi ces départements ? Pourquoi ce nombre ? Pourquoi pas des grosses régions, comme en Allemagne, ou des États, comme aux États-Unis ?

La création des départements est née en France il y a plus de deux siècles d'une volonté d'améliorer l'organisation administrative du pays. Sous l'Ancien Régime, en effet, les sphères d'influence des seigneurs, de l'Église, de l'administration royale se chevauchaient sans forcément correspondre les unes aux autres. D'où une complexité à laquelle certains, dès le début du XVIIIe siècle, ont voulu remédier.

Les révolutionnaires, dès 1789, ont réfléchi à une nouvelle organisation…

Un découpage en carrés de dix-huit lieues de côté, avec des sous-découpages en communes et cantons. Le principe

est adopté le 11 novembre 1789 *(voir ci-dessus, à partir de la carte d'époque de Sieyès-Thouret, le quadrillage d'origine)*. Finalement, on suivra les particularités géographiques en abandonnant le carré strict. Ce découpage obéit à un principe simple : de n'importe quel endroit du département, on peut atteindre la préfecture située au centre en moins d'une journée de cheval. C'est ce qui déterminera leur taille. Et par conséquent leur nombre. (Les communes répondent à une exigence similaire : on doit pouvoir en parcourir le territoire à pied dans la journée.)

Le projet initial comportait 80 départements – plus Paris –, étendus à 83 au moment de sa réalisation. Ensuite, ce nombre a évolué en fonction des victoires et défaites de l'armée, notamment celle de Napoléon.

Jusqu'à preuve du contraire…

136

Pourquoi associe-t-on le rose aux filles et le bleu aux garçons ?

Impossible de rater cette distinction, que ce soit dans les baptêmes (événement choisi) ou les publicités (événement subi) : les vêtements et les jouets des uns et des autres n'ont pas la même couleur. Dès que les parents connaissent le sexe de leur enfant, ils repeignent la chambre destinée au nourrisson : en rose si c'est une fille, en bleu si c'est un garçon. Le début d'une longue distinction : quelques années plus tard, les garçons se verront offrir un beau vélo bleu quand les filles recevront des jolies poupées roses. Sans les forcer. Généralement, les petites filles réclament du rose, les garçons le récusent. À tel point que lorsqu'un garçon demande une trousse ou un pull rose, ses parents s'interrogent sur son identité.

Mais d'où vient cette association de couleurs ? Vous pensez que c'est une tradition sexiste ? Vous avez raison ! Cela remonte à l'Antiquité grecque, où les parents préféraient avoir un garçon plutôt qu'une fille : les garçons travaillaient et participaient aux revenus de la famille. À l'inverse, avoir une fille était pénalisant : en plus de ne pas disposer de la même force physique, requise notamment pour le travail des champs, les filles coûtaient cher. Il fallait économiser pour leur fournir une dot lors du mariage. Par conséquent, avoir un garçon était considéré comme béni des dieux. Aussi lui associait-on la couleur bleue, couleur du ciel, résidence des dieux (ci-dessous, le sceptre de Zeus sur le bleu du ciel).

Pourtant, le rose n'a pas toujours été associé aux filles et le bleu aux garçons. Pendant très longtemps, les enfants étaient vêtus de tenues bariolées : leurs habits n'étaient que des reprises de vêtements pour adultes retaillés à leur morphologie.

C'est au Moyen Âge, au XIIe siècle, qu'apparaissent les premiers trousseaux spécifiques pour les bébés. Oh, surprise ! Le bleu, couleur divine de la Vierge Marie, est associé aux filles tandis que le rose, qui n'est qu'un rouge pâle, est dévolu aux garçons. Si *la* rose, la fleur signifiant l'amour, est une valeur attribuée aux femmes, *le* rose, lui, est perçu comme viril. Il n'y a qu'à voir la couleur rose des bas-de-chausses des chevaliers médiévaux.

Puis, remous de l'histoire, le blanc, image de la pureté et de l'innocence, prédomine pour les deux sexes. De même que la robe que les enfants portent indistinctement jusqu'à l'âge de six ans. On retrouve toujours toutefois sur leur robe blanche un liseré de couleur : rouge pour les garçons et bleu pour les filles.

Au XVIIIe siècle, la tradition antique fait son retour en Occident. À l'apogée des Lumières, la Grèce et son modèle de démocratie constituent pour les penseurs de l'époque une référence absolue. Rejetée pendant des siècles pour être païenne, la culture grecque et ses symboles acquièrent de nouveau de l'importance. Et avec elle, l'interprétation des couleurs.

C'est alors que Madame de Pompadour entre en piste. Philippe Rouet, un peintre belge, a mis au point une innovation technique et artistique ; il a inventé un nouveau rose sur la porcelaine de la manufacture royale de Sèvres. La favorite de Louis XV s'entiche de ce rose, d'une finesse exquise, et la Cour avec elle. La marquise de Pompadour l'impose partout à Versailles, notamment sur les tenues des petites filles, mais aussi sur les couvre-lits et même sur les pots de chambre ! Désormais, le rose est associé aux valeurs féminines : beauté, douceur, fragilité.

Les clichés ont la vie dure.

Ne la laisse pas tomber / Elle est si fragile
Être une femme libérée / Tu sais c'est pas si facile.

Jusqu'à preuve du contraire…

Pourquoi les arrondissements parisiens sont-ils disposés en escargot ?

Vous l'avez remarqué en sillonnant la capitale. La logique semble absente du cadastre. Si vous descendez du train Gare de Lyon (12e arrondissement) et que vous avez rendez-vous aux Batignolles dans le 17e, vous allez devoir passer par le 11e (Bastille), puis le 4e (Marais), puis traverser le centre que sont Châtelet et ses Halles (1er), ensuite le 2e sublimé par l'Opéra pour arriver dans le pétulant 8e arrondissement que bordent les célèbres Champs-Élysées… pour enfin déboucher dans le 17e. On dirait un tirage du loto : 12, 11, 4, 1, 2, 8, 17 ! Pourquoi les nombres ne se suivent-ils pas en ligne droite ?

C'est que Paris est divisé en vingt arrondissements qui forment une spirale à partir de son milieu. C'est pour cette raison, par exemple, que le 11e arrondissement jouxte, par son ouest, le 20e.

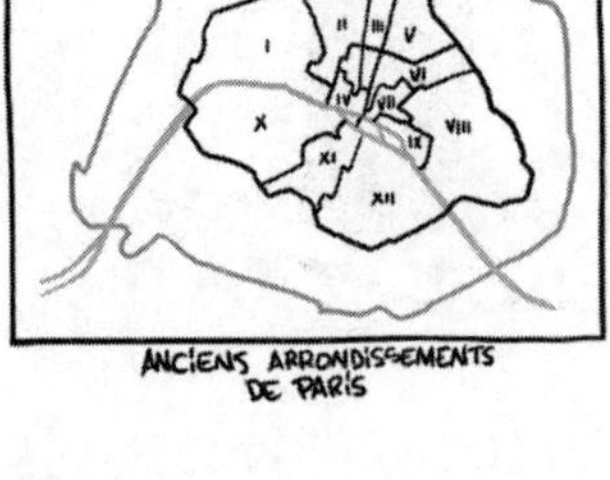

ANCIENS ARRONDISSEMENTS DE PARIS

Mais pourquoi a-t-on choisi une telle logique, et non un quadrillage ou une distribution en étoile, chère à notre esprit jacobin ?

137

Voilà qui remonte au XIXe (cette fois, c'est le siècle). Jusqu'en 1859, il y avait seulement douze arrondissements distribués de manière logique, en quadrillage. Ils avaient été créés en octobre 1795, numérotés de gauche à droite et répartis en deux lignes séparées par la Seine. Paris n'a donc pas toujours été un escargot.

Le changement intervient en 1860, sur décision de l'empereur Napoléon III, alors que le préfet Haussmann dirige de pharaoniques travaux dans Paris, où il creuse les larges avenues qui lui donneront son visage actuel. La capitale s'agrandit en absorbant les faubourgs et les communes limitrophes : les villages d'Auteuil, Passy, Batignolles, Montmartre, La Chapelle, Belleville, Charonne, Bercy, Vaugirard et Grenelle sont annexés à la capitale. On crée alors huit nouveaux arrondissements : on redécoupe, on recompose. Un premier schéma suivant la numérotation en quadrillage attribue le 13e arrondissement à l'actuel 16e. Mais cela déplaît aux riches habitants du secteur qui s'y opposent farouchement. Pourquoi ? À cause d'une expression populaire.

À cette époque, existait une expression un brin péjorative : « se marier à la mairie du 13e arrondissement ». Elle signifiait ironiquement que l'on vivait en concubinage sans être mariés, autant dire dans le péché, le 13e arrondissement n'existant pas encore… D'où la mauvaise réputation de l'appellation « 13e arrondissement ». La bonne société de l'Ouest parisien ne veut pas y être associée. Afin de satisfaire ses administrés, le maire de Passy, faubourg cossu, se creuse les méninges et trouve la parade : la fameuse numérotation en escargot qui expédiera le 13e… dans l'Est parisien, populaire en diable. Paris s'est divisé en deux lors de l'industrialisation du XIXe. Les vents soufflant d'ouest en est, la bourgeoisie se réfugie à l'ouest pour échapper aux fumées, tandis que les ouvriers seront confinés à l'est.

Aujourd'hui, il n'y a plus d'usines au cœur de Paris, mais la ville reste coupée en deux. Plus il y a d'embouteillages, moins les ghettos s'ouvrent. Chacun reste dans son quartier. L'escargot, ce sont désormais les voitures qui le font.

Jusqu'à preuve du contraire…

138

Pourquoi trempe-t-on ses croissants dans du café au lait ?

Tous les nutritionnistes vous assurent qu'il n'y a rien de plus indigeste pour commencer la journée. Et pourtant, nous adorons mélanger notre café à du lait, et l'accompagner de pâtisseries (copieusement lipidiques).

D'où vient cette coutume ?

De très loin. Transportons-nous dans la ville de Vienne, en Autriche, assiégée par les Turcs au XVIIe siècle. Au prix de farouches combats, avec l'aide de Charles de Lorraine et du roi de Pologne, les Viennois repoussent l'envahisseur. Les Turcs fuient en abandonnant derrière eux leurs stocks de café. Un certain Kulyesiski, héros de la bataille, récupère ces sacs de café. Et là, en 1683, il fait trois choses extraordinaires.

Il ouvre à Vienne le premier « café » de l'Histoire, alimenté grâce à son stock. Ne disposant pas de sucre, Kulyesiski mélange le café à du lait pour l'édulcorer, autrement dit le rendre moins amer.

Enfin, il sert aux tables des petites brioches en forme de croissant – symbole de l'Empire ottoman –, en souvenir de la victoire. Café, lait, croissant : trilogie complète. Et miracle diététique.

Jusqu'à preuve du contraire…

139

Pourquoi les avions modernes ont-ils le bout de l'aile tourné vers le haut ?

Comme 99,99 % des passagers, je préfère voler côté hublot. (Il y a toujours 0,01 % de râleurs.) Et si vous êtes comme moi, vous avez noté que le bout des ailes est recourbé, pointé vers le ciel. Je parle ici des avions récents, les Airbus et les Boeing construits après 1976, date d'apparition de ces ailettes. À quoi servent-elles ? Paratonnerres ? Antennes radio ? Effet de style comme les ailerons rectangulaires des BX Citroën qui ne servaient à rien sinon à faire moche ? Hum, les avionneurs ont d'autres préoccupations. La réponse vient des ingénieurs. Et du comptable…

Pour comprendre, il faut d'abord détailler ce qui se produit au bout des ailes des avions : on y observe de puissants tourbillons d'air. Ces tourbillons sont liés à la différence de pression entre le dessus et le dessous de l'aile. La pression est plus forte en dessous et plus faible au-dessus. On touche d'ailleurs là au principe de fonctionnement de l'avion : la différence de pression entre le haut et le bas de l'aile tend à faire que celle-ci se soulève, et l'appareil avec.

Sauf qu'au bout de l'aile se crée un déplacement d'air du bas vers le haut, puisque l'air migre toujours des hautes pressions vers les basses. La vitesse de l'avion génère un tourbillon. Ce tourbillon est nommé « vortex ». Le delta de pression fait condenser l'humidité ambiante : le nuage devient visible. On peut également voir des vortex à l'arrière des ailerons des Formule 1 lancées à fond en bout de ligne droite lorsque l'atmosphère est humide.

Les aérodynamiciens luttent contre ces turbulences, car elles augmentent la traînée. En clair : elles créent des déperditions d'énergie, donc augmentent la consommation. Le bout recourbé des ailes agit comme une séparation entre le haut et le bas de la voilure. Seul un tourbillon minime s'agite au bout du *winglet* (le nom anglais de ce dispositif anti-vortex).

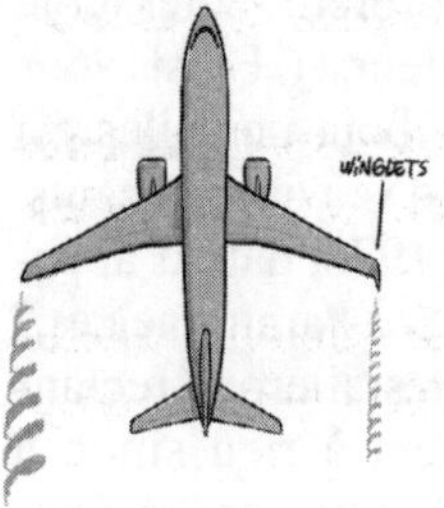

Et pourquoi n'y a-t-il pas de *winglets* accrochés aux flancs des ailerons des Formule 1 ? Parce que c'est interdit par le règlement.

Jusqu'à preuve du contraire…

Pourquoi le chat miaule-t-il sans cesse pour sortir, alors qu'à peine sorti, il miaule pour rentrer ?

Vous connaissez les chats. Et leurs miaulements à fendre l'âme. Quand ils viennent de rentrer, ils veulent sortir. Et quand ils viennent de sortir, ils veulent rentrer. On croirait qu'ils nous narguent !

Les humains en ont déduit que les chats sont des êtres capricieux. Les paranos les jugent pervers. Aux misogynes, ils rappellent leur femme.

Rien de cela. Simplement, malgré leur suprême intelligence, les chats n'ont pas encore su intégrer notre concept de porte.

Alors que nous voyons les portes comme des ouvertures, le chat les considère au contraire comme des obstacles, qui lui barrent la route dans ses rondes d'inspection.

Car depuis des millénaires, avec le calme et la régularité d'un coucou suisse, chaque chat fait « le tour du propriétaire » pour surveiller son territoire.

Pourquoi ces vérifications répétées ? À

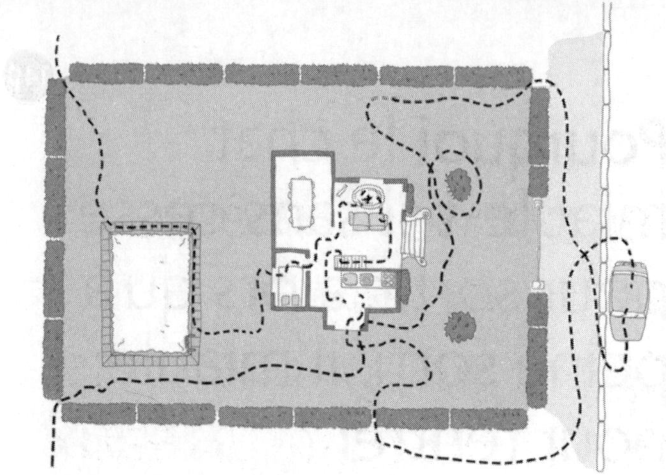

cause du système de marquage par les odeurs. Chemin faisant, le chat se frotte contre des repères qu'il sélectionne ; parfois il les arrose d'urine. Ainsi, il laisse des molécules qui portent sa griffe personnelle, mais qui aussitôt commencent à se disperser.

Ce déclin s'effectue toujours à la même vitesse. Les autres chats peuvent ainsi savoir depuis combien de temps votre matou n'est pas venu dans les parages.

Pour votre chat, la pelouse et le couloir de votre maison ne forment qu'un seul et même territoire. Il veut tout pouvoir contrôler. D'où ses jérémiades sans fin, pour sortir, rentrer, et réciproquement.

Si vous habitez en ville, ne croyez pas que la sarabande cessera quand vous emménagerez dans un appartement plus grand. À l'état sauvage, les chats règnent sur une immense surface : plus de 85 hectares. L'équivalent de 150 terrains de football ! Les chats de ferme, domestiqués mais libres de leurs mouvements, utilisent presque autant d'espace. Les mâles demandent 75 hectares, les femelles une dizaine.

Autre chose qu'un F3 de 65 m² à arpenter (68 avec le balcon).

Jusqu'à preuve du contraire…

141

Pourquoi les poissons, même sans bouger les nageoires, peuvent-ils rester entre deux eaux (sans couler ni flotter) ?

Vous avez peut-être la chance d'être à la mer, au bord d'un lac ou près d'un aquarium, et vous l'avez remarqué : les poissons ne flottent pas à la surface, ni ne coulent à pic. Ou alors, c'est parce qu'ils l'ont décidé.

Quand ils sont dans l'océan, immobiles, attendant leur proie, ils flottent entre deux eaux, sans bouger les nageoires… et sans monter ni descendre. Essayez de faire ça à la piscine municipale !

Bien sûr, il serait épuisant pour eux d'être indéfiniment en mouvement. Imaginez un oiseau qui ne cesserait de voler. Ou un homme qui ne quitterait pas la position debout… Les poissons ont donc un truc, comme disait Gérard Majax. Oui, mais lequel ?

Le principe est de compenser les problèmes de flottaison. Les poissons sont équipés d'une « vessie natatoire », dite aussi « vessie gazeuse ». Comme son nom le laisse penser, il s'agit d'une poche, plus ou moins remplie, qui permet d'adapter la flottabilité. Reliée au système digestif,

cette vessie se remplit de gaz en fonction des besoins. Ils peuvent monter et descendre à la manière d'une montgolfière qui ajuste la densité de sa poche à celle de l'air.

Les requins, qui sont comme vous le savez des poissons « cartilagineux », adoptent un système comparable sur le principe. C'est leur foie qui produit ce qu'on appelle le « squalène », dont la densité est inférieure à celle de l'eau. Il suffit au requin d'ajuster la quantité de ce squalène dans son corps pour régler les questions de flottaison.

Et les dauphins ? Hors sujet. Les dauphins ne sont pas des poissons, mais des mammifères. Et c'est un autre problème.

Jusqu'à preuve du contraire…

142

Pourquoi Michel-Ange a-t-il peint le plafond de la chapelle Sixtine ?

C'est peut-être le plus beau monument du monde. Du moins d'Italie. Du moins de Rome. La chapelle Sixtine, nommée ainsi en hommage à son commanditaire, le pape Sixte IV della Rovere, fut construite au XVe siècle. Ses dimensions – 40,23 m de long, 13,40 m de large et 20,40 m de haut – sont réputées être celles du temple de Salomon, détruit en 70 de notre ère. Michel-Ange n'y est pour rien. L'édifice fut achevé en 1483, alors qu'il avait à peine huit ans.

Jusqu'en 1507, le plafond était décoré d'une voûte étoilée, traditionnelle dans les chapelles. Les plus grands artistes de l'époque avaient participé à sa décoration (Le Pérugin, Botticelli, Ghirlandaio, Rosselli…).

Mais un événement va changer les choses. Le 18 avril 1506 est posée la première pierre de la basilique Saint-Pierre de Rome, juste à côté de la chapelle Sixtine. La dépouille de saint Pierre est censée être ensevelie sous ses fondations (« Tu es Pierre, et sur cette pierre je bâtirai mon église »…). C'est d'ailleurs ces travaux colossaux qui vont être à l'origine de la fracture entre catholiques et protestants : ils coûtent si cher que l'Église les finance en monnayant les Indulgences, pratique contre laquelle va s'élever Martin Luther. Mais c'est une autre histoire.

Les travaux sont colossaux et font bouger le sous-sol. La chapelle Sixtine est traversée par une énorme fissure, qui

nécessite une consolidation très visible. Les plafonds sont ruinés… Le pape Jules II charge Michel-Ange de refaire entièrement le plafond. L'artiste accepte.

Comme il est impossible de totalement masquer les fissures, il se servira de certains motifs pour opérer des changements de couleur. Et pour masquer les infiltrations d'eau, idée de génie : il dessinera des nuages qui épouseront le contour des fuites…

Il a beaucoup travaillé sur les pigments utilisés, notamment le bleu, afin d'éviter les désagréments connus par des confrères. L'azurite, utilisée traditionnellement, présente en effet l'inconvénient de ne pas supporter l'humidité. Un dégât des eaux dans la chapelle d'Arena a ainsi abouti à un changement de tous les bleus en vert… Michel-Ange a donc utilisé de l'outremer pour éviter ce risque.

Il sera payé 3000 ducats (environ 48000 de nos euros) pour un travail de quatre ans. D'abord secondé par des ouvriers, il les renvoie tous et travaille seul, sur un échafaudage qu'il faudra démonter et remonter trois fois.

Les bons artisans, y a que ça de vrai !

Jusqu'à preuve du contraire…

143

Pourquoi fait-on dire aux Marseillais qu'une sardine a bouché le port de Marseille ?

Ah, ces Marseillais ! Toujours à exagérer, à fanfaronner, à affabuler. Vrai ou faux ? On dit que la propension des Marseillais à raconter des légendes est en soi une légende…

En tout cas, vous connaissez leur plus fameuse faribole : il se raconte depuis la nuit des temps qu'une sardine a bouché le port ; l'entrée du Vieux-Port en l'occurrence. Au point que depuis le XVIIIe siècle, « c'est la sardine qui a bouché le port » est devenue une expression populaire française, qui signifie que tel ou tel récit est considéré comme une galéjade, ou carrément un mensonge. Une sardine ! Pourquoi pas un anchois ? L'extraordinaire de cette légende n'est pas qu'un mythomane ait un jour raconté pareille absurdité, mais qu'elle se soit propagée de bouche à oreille, et d'année en année.

Quelle idée de raconter pareille absurdité ? À moins que les sardines aient beaucoup changé ? Que l'une d'entre elles ait subi une mutation génétique pré-Tchernobyl ? Ou alors on ne parle pas de la même chose…

Eh bien, la sardine était en fait… *Le Sartine*, un imposant vaisseau de commerce construit en 1775, puis reconverti en bateau de guerre. Il tient son nom du sieur Antoine Raymond Juan Gualbert Gabriel de Sartine, comte d'Alby, secrétaire d'État à la Marine de Louis XVI, de 1774 à 1780.

En 1779, *Le Sartine* fut affecté au retour de prisonniers de guerre depuis l'océan Indien après une série de combats avec les Anglais au large de Pondichéry. En vertu des accords maritimes concernant les échanges de prisonniers, *Le Sartine* était désarmé et naviguait sous pavillon blanc. Hélas, à l'approche de Marseille, le capitaine ne put résister à la forfanterie et fit hisser le pavillon français. La faute inutile, comme on dit à l'OM. Les Anglais lancèrent alors une attaque contre lui. Sans canons pour riposter, *Le Sartine* ne put que s'incliner. L'imposante frégate coula le 19 mai 1780, à l'entrée de la passe, obstruée durant plusieurs jours.

C'est ainsi que *Le Sartine* boucha le port. L'histoire, maintes fois racontée, a pris des allures de légende, puis de vaste blague, pour cause de mauvaise prononciation ! *Le Sartine* est devenu la sardine.

Ah ! Qu'est-ce qu'on est serrés, au fond de cette boîte ! [*refrain connu*].

Jusqu'à preuve du contraire…

144

Pourquoi les intellectuels ont-ils créé la légende du café de Flore ?

Le Flore, le café des intellectuels, le haut lieu de la vie culturelle pendant la Seconde Guerre mondiale et après… Sartre et Beauvoir, Saint-Germain-des-Prés… C'est une légende qui s'est écrite entre les murs de cette brasserie.

Mais pourquoi celle-ci plutôt qu'une autre ?

Parfois, les légendes tiennent à des détails très triviaux…

Mais n'anticipons pas. Le Flore, c'est d'abord le repaire de Guillaume Apollinaire, qui en fait son bureau dès 1913, y présente André Breton à Philippe Soupault, y invente le terme de « surréalisme », bref, commence à forger sa glorieuse réputation. Dans les années 1930, habitude est prise pour certains auteurs de s'y retrouver (Raymond Queneau, Robert Desnos, Léon-Paul Fargue…).

Mais c'est pendant la Seconde Guerre mondiale que va se jouer la naissance de la légende.

La guerre et ses privations…

Le café de Flore, en effet, présente alors l'immense – et rare – avantage de posséder un gros poêle à bois. En plein milieu de sa salle. Qui fonctionne toute la journée. Le patron de l'époque, Paul Boubal, ne voit pas d'inconvénient à ce que les écrivains restent toute la journée, au chaud, à écrire, recevoir leurs rendez-vous, etc. – il l'encourage même, conscient de l'esprit que cela donne aux lieux. Dès lors, l'habitude est prise, et la fin des hostilités ne changera pas la coutume.

On dit aussi que les Allemands n'entraient pas au Flore. Écoutons Christophe Boubal*, petit-fils du propriétaire: « Dans Paris occupé, le Flore avait la réputation d'être un îlot de résistance passive. Quand un Allemand entrait, les clients faisaient silence et il sentait vite qu'il n'était pas le bienvenu. »

Jusqu'à preuve du contraire…

* Christophe Boubal, *Café de Flore, l'Esprit d'un siècle*, Lanore Littérature.

145

Pourquoi la pomme d'Adam est-elle proéminente chez les hommes ?

Gloups ! Quand un homme est ému, on le remarque tout de suite. Sans même avoir à l'écouter. À un détail : sa pomme d'Adam qui monte et qui descend lorsqu'il déglutit. Pas moyen d'être discret ! Alors que les femmes gardent un cou sans proéminence, les hommes, à la puberté, voient leur pomme d'Adam prendre de l'ampleur et se mettre à dépasser du col. C'est pour cela qu'elle s'appelle la pomme d'Adam, et non pas la pomme d'Ève.

Ce qui est pratique avec ça, c'est que l'on sait où taper pour couper le souffle ! Mais ce n'est évidemment pas sa raison d'être…

La pomme d'Adam correspond au cartilage thyroïde, qui sert en quelque sorte de bouclier pour protéger les cordes vocales et le larynx. En grec, θυρεοσ – d'où est issu le terme thyroïde – signifie « bouclier ».

C'est la puberté qui, chez les garçons, va déclencher la descente de la pomme d'Adam : le cartilage change de place. La voix va s'en trouver modifiée – elle devient plus grave, comme chacun sait – et le cartilage, se retrouvant dans une région où le cou est plus fin, va former une protubérance.

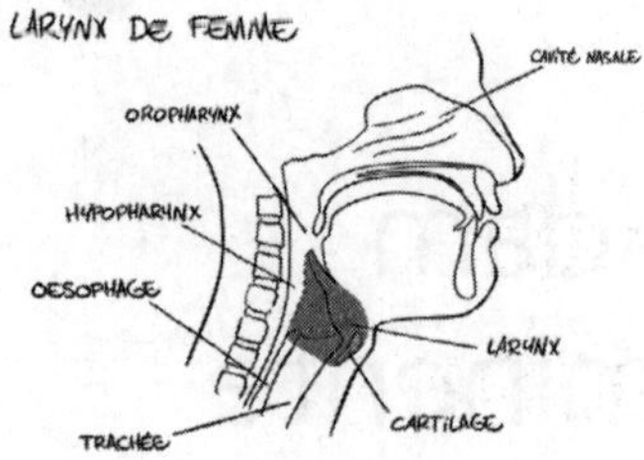

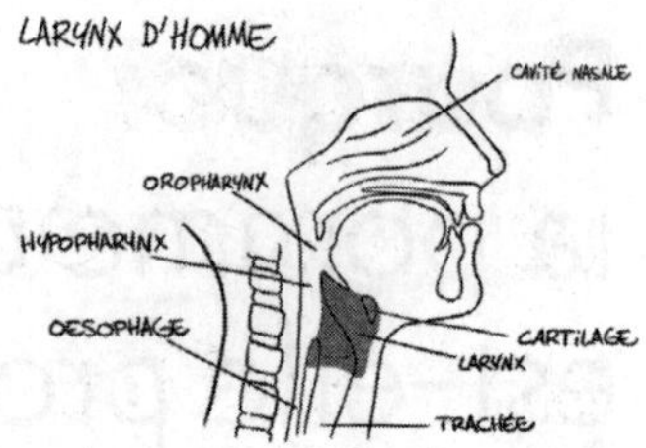

La croyance populaire dit qu'Adam a gardé « en travers de la gorge » la pomme qu'Ève lui a donnée. Oui, croyance « populaire », car la pomme n'est pas dans la Bible, qui parle seulement de fruit défendu. Selon les interprétations, ce fruit a été désigné comme pomme, mais aussi poire, figue, et même grenade.

La grenade d'Adam. Que les filles préfèrent dégoupillée.

Jusqu'à preuve du contraire…

146

Pourquoi les jeans ont-ils une petite poche supplémentaire dans la poche avant droite ?

Qu'il soit délavé, brut, coupé droit ou large, le vêtement le plus porté au monde, le basique indispensable de toute garde-robe, en bref le jeans compte non pas quatre, mais cinq poches : deux devant, deux derrière, plus une toute petite accolée à la poche avant droite, par-dessous ou par-dessus.

Fruit de la collaboration entre le tailleur Jacob Davis et l'homme d'affaires Levi Strauss, le jeans est né en 1873. Les deux Américains ont même déposé un brevet : une paire de jeans digne de ce nom doit, outre sa couleur bleue caractéristique de la toile denim et ses coutures orange surpiquées, comporter un talon de cuir à l'arrière, des petits rivets en cuivre, une braguette à boutons… et cinq poches.

Mais pourquoi cette cinquième petite cavité ? À quel usage était-elle destinée ? Hypothèse probable : y ranger ses clés ? Trop petite pour les clés de l'époque. De la monnaie ? À la rigueur, mais il faudrait plier les billets en quatre. Permettre aux cow-boys, qui furent les premiers porteurs de jeans – avec les ouvriers des chantiers –, d'y glisser deux doigts dans une posture virile, façon revolver stylisé ?

Eh bien non ! Cependant, cette mystérieuse poche d'une largeur de cinq centimètres (soit deux pouces) n'était pas inutile jadis. Son nom seul suffit à deviner la réponse puisqu'on l'appelait « la poche gousset ».

Sachez qu'avant de se lancer dans le vêtement populaire, le tailleur Jacob Davis taillait des pantalons sur mesure pour des clients plus fortunés. Et il a apposé sur ses premiers jeans la petite poche qui était destinée à ranger sa montre à gousset, avec sa petite chaîne.

Après l'apparition de la montre-bracelet au début du XXe siècle, cette petite poche a connu une nouvelle utilité : accueillir le Zippo, car il se trouve que sa dimension est exactement celle du célèbre briquet. Rempli d'essence, celui-ci devait être impérativement maintenu verticalement, sous peine de se déverser et de brûler la peau.

La poche gousset est toujours là, tout comme les rivets en cuivre et les coutures orange. Et son utilité n'est plus à démontrer : y glisser ses pièces de monnaie pour le parcmètre, tout comme des préservatifs ou des lentilles de rechange. Voire les trois. Dans l'ordre qui vous arrange.

Jusqu'à preuve du contraire…

147

Pourquoi croise-t-on les doigts pour porter chance ?

Vous connaissez cette inoffensive petite manie, et peut-être qu'il vous arrive de la pratiquer.

Vous évoquez la météo, ou votre compte en banque, et vous lancez : « S'il fait beau le week-end prochain, je croise les doigts… », ou bien : « Si la TVA baisse, je croise les doigts… », etc.

La rengaine sanctionne un événement que vous souhaitez, mais dont l'issue est loin d'être certaine.

Mais concrètement, objectivement, en quoi croiser les doigts peut-il améliorer votre sort ? Vous n'en savez rien ? Pourquoi le faisons-nous, alors ?

Ce sont les premiers chrétiens qui ont utilisé ce geste. Les doigts croisés représentent la croix, symbole fondamental du christianisme. Une coutume ancienne voulait que deux personnes croisent leurs index pour souhaiter bonne chance, reproduisant ainsi le symbole de la croix.

À une époque où il ne faisait pas bon afficher sa foi chrétienne, où les persécutions romaines étaient nombreuses, ce signe est devenu un porte-chance.

Par ailleurs, les doigts croisés peuvent aussi symboliser le poisson. Le poisson est présent dans l'Ancien Testament comme dans le Nouveau Testament (pêche miraculeuse, multiplication des pains et des poissons…), il représente également l'eau du baptême. Le terme grec *ichtus*, qui signifie « poisson » est aussi l'acronyme (la première lettre de chaque mot) de « Jésus-Christ, Fils de Dieu, Sauveur ».

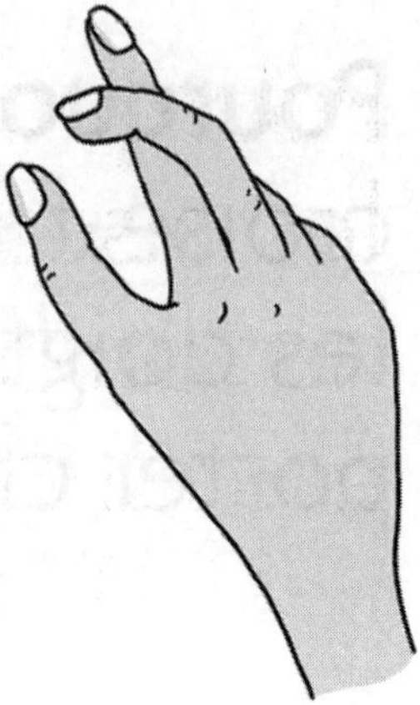

Vous partez à la pêche ce weekend ? Vous espérez du beau temps et des poissons ? Je croise les doigts.

Jusqu'à preuve du contraire…

148

Pourquoi les oiseaux ne tombent-ils pas en dormant ?

Les oiseaux se cachent pour mourir, vous le saviez déjà, mais pour dormir ? On les voit sur les branches ou les fils téléphoniques, postés là, sans bouger. Ils dorment ? Ils dorment ! Non seulement ils ne sont pas électrocutés – mais ça, c'est connu, c'est parce qu'ils ne touchent pas le sol en même temps que le fil –, mais ils parviennent même à roupiller sans tomber, ni même se retrouver la tête en bas ! Vous allez me dire qu'ils dorment dans leur lit ? Eh bien, non, le nid, c'est juste pour les œufs et les éclosions, au printemps. Le reste de l'année, les oiseaux ont une autre technique.

Plutôt que d'opter pour la force – des muscles pour serrer leurs pattes autour de la branche –, les oiseaux utilisent une astuce mécanique. Un tendon vient actionner les articulations des pattes dès qu'ils plient l'articulation supérieure. Comme un autobloquant ! Lorsqu'ils veulent dormir, les oiseaux n'ont qu'à se laisser aller : ils s'affaissent sur leurs pattes, ce qui a pour conséquence qu'elles se coincent en position « branche serrée ». Quand ils se relèvent, leurs pattes s'ouvrent automatiquement.

La parfaite illustration du moindre effort.

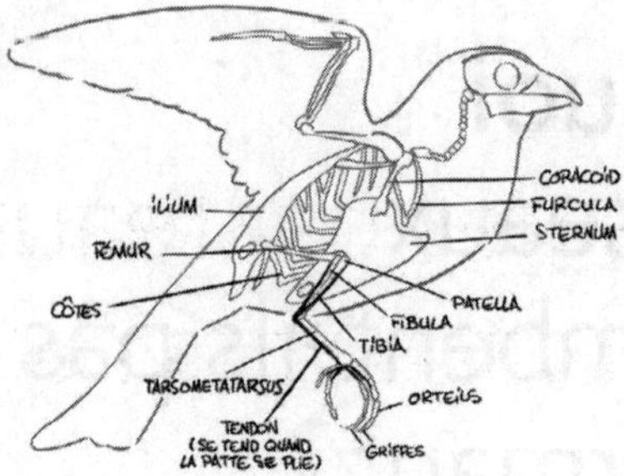

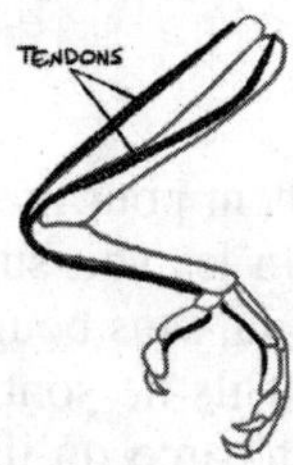

Jusqu'à preuve du contraire…

149

Pourquoi les lits des châteaux sont-ils si petits ?

Cela étonne petits et grands qui visitent des châteaux. Pas uniquement Versailles ou Fontainebleau, édifices prestigieux aux dimensions ostentatoires, mais aussi les châteaux de tous les jours, celui que la dynastie du coin avait fait bâtir… dans le coin, justement.

Quand on a la chance de voir des chambres en état, telles qu'elles étaient « dans leur jus » avec leur mobilier d'avant la Révolution, un détail surprend : les salles à manger paraissent gigantesques, les cheminées immenses, mais les lits étriqués. À croire que les dormeurs avaient les pieds qui touchaient au bout, voire qui dépassaient.

On en déduit qu'à ces époques, il y a deux, trois, quatre ou cinq siècles, les hommes – et les femmes – mesuraient une tête de moins que nous. L'explication ne serait pas à aller chercher bien loin : question d'hygiène (sommaire) et de diététique (approximative), sans parler du patrimoine génétique mis à mal par quelques mariages consanguins entre cousins comme c'était l'usage dans les familles à particule.

Balivernes, corrige Alain Baraton, le fameux jardinier qui préside aux destinées végétales du château de Versailles. Il a pris sa source auprès des meilleurs historiens et dans la documentation sur place ! L'explication de la petite dimension des lits des châteaux français est à aller chercher du côté de la superstition…

Autrefois, sous la monarchie, les membres des familles aristocratiques et nobles dormaient non pas couchés, mais assis, relevés sur de gros édredons, car la position allongée était synonyme de mort. Seuls les malades et les défunts étaient réellement allongés – on songe aux splendides gisants de la basilique de Saint-Denis, statues mortuaires royales, étendues raides pour l'éternité. Comme pour conjurer le mauvais sort, la belle société se faisait construire des lits dans lesquels il était presque impossible d'étendre les jambes. L'explication qui voudrait que nos aïeux étaient, comme leurs lits, de petite taille est totalement erronée. François Ier, par exemple, mesurait près de deux mètres !

Cette tradition s'est arrêtée à la Révolution française. Et l'Empire a lui aussi préféré des lits tels que nous les connaissons aujourd'hui. D'ailleurs, Napoléon dormait allongé. Vous allez me dire : vu sa taille, ça n'aurait pas changé grand-chose.

Jusqu'à preuve du contraire…

150

Pourquoi le papier A4 mesure-t-il 21 x 29,7 cm ?

Vous vous êtes déjà posé la question en rêvassant devant l'imprimante. Pourquoi ces dimensions biscornues, 21 sur 29,7 cm ? Pourquoi pas un truc simple, genre 20 x 30 ?

Et accessoirement : pourquoi le format A3 est-il plus grand que le A4 ? C'est aberrant : l'Audi A8 est plus grosse que l'A4, le Boeing 747 surpasse le 707, et le 95C surclasse le 85B ! Qu'est-ce que c'est que cette embrouille ?

Le principe du format de papier de la gamme A, c'est le pliage. En partant de la plus grande feuille, on obtient les autres en pliant en deux le côté le plus grand. C'est ainsi que le rapport entre la hauteur et la largeur est toujours le même :

hauteur = largeur $\times \sqrt{2}$.

Le point de départ de la gamme est une feuille d'un mètre carré. Tout simplement.

Ce qui nous donne un format de 84,1 cm x 118,9 cm. Pliée en deux, on a donc deux feuilles de 59,4 x 84,1 cm. Et ainsi de suite. Le chiffre placé après le A indique le nombre de pliages à partir du format de départ, appelé par convention « A0 ».

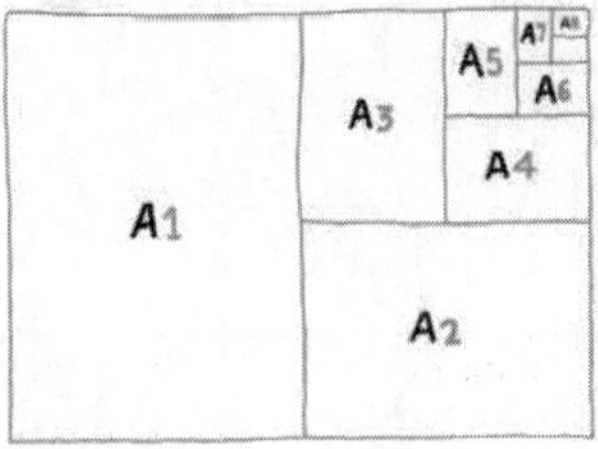

Le A3 a un pliage de moins que le A4 : c'est donc un format plus grand. Un bon point de départ pour draguer à la photocopieuse.

Jusqu'à preuve du contraire…

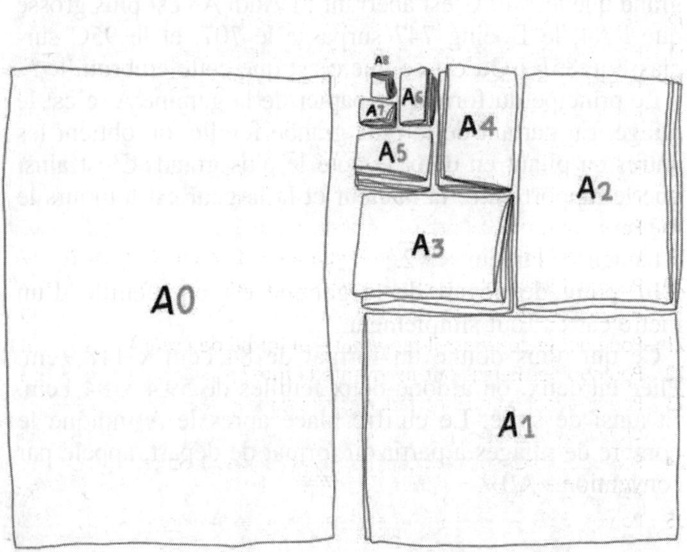

Table